아란야의 숲

아란야의 숲

조향미 수필집

수필과비평사

· PROLOGUE

두 번째 수필집입니다.

담백하고 단순하게 살아왔다고 생각했습니다.
첫 수필집에 다 담고 비워냈습니다.
그런데
한 줄 한 줄 쓰다 보니
이렁저렁 또 한 권의 책이 엮어졌습니다.

내 이야기가 편히 스쳐 갔으면 합니다.
무시로 흐르는 물처럼,
가벼이 지나가는 바람처럼,
원하건대
평범함에 공감하며 웃을 수 있는 읽기가 되었으면 합니다.

2025년 가을

조향미

목차

• PROLOGUE · 5

1부 때론 말하지 않아도

세월을 캐다 · 13

옐로 스토리 · 18

레드 스토리 · 23

바람의 그늘 · 28

런닝 맨 Running man · 33

층계참 · 38

Cafe 그레이스 · 43

때론 말하지 않아도 · 46

1011번 인연 · 51

2부 땅의 옷

석화원石花苑 · 57

노을이 잠긴 호수 · 62

아란야의 숲 · 65

너겁 · 70

땅의 옷 · 75

여음의 기억 · 80

반려진주 이야기 · 84

32분 07초 · 89

루브르의 별 · 93

3부 비婢의 비碑

선셋 인 작살금 · 101

가얏고의 환幻 · 106

바람 앞에 서다 · 111

비婢의 비碑 · 116

홍몽紅夢 · 122

복사꽃 청도에는 · 125

목련 소회所懷 · 130

내 자리 · 135

그 집 앞 · 138

4부 결 따라 흐른다

바드리의 시계 · 145

마음 씻기 · 150

마음 말리기 · 153

시카의 뜰 · 156

결 따라 흐른다 · 161

탁란 · 166

가을은 목덜미로 온다 · 171

믿음의 바탕 · 174

노트북을 다시 열며 · 179

부록 평으로 읽는 나의 글

주체로서의 인간 : 행위의 인식과 인식의 행위 · 185

　— 애상哀想

서사 속의 캐릭터 : 우아하고 균형 있는 애달픈 초상들 · 199

　— 풀빛 원피스

수필의 항로 : 자기 정화에서 영성적 고백으로 · 213

　— 가을, 소리에 젖다

　　　　　　　　　　　— 박양근(문학평론가, 부경대 명예교수)

1부
때론 말하지 않아도

세월을 캐다
옐로 스토리
레드 스토리
바람의 그늘
런닝 맨 Running man
층계참
Cafe 그레이스
때론 말하지 않아도
1011번 인연

세월을 캐다

　봄이 왔지만, 바닷바람은 아직 차다. 넘실거리던 파도는 잠시 숨을 죽이고 개펄은 검은 바닥을 서서히 드러내고 있다. 썰물에 드넓게 펼쳐진 갯가로 조개를 캐러 온 순남은 이제 막 열여덟이 되었다. 친구들과 어울려 호미질을 한참 하면 낡은 대나무 소쿠리에는 동죽과 모시조개가 한가득하다. 해가 구름을 붉게 색칠하며 서산으로 기웃 내려갈 즈음이다. 멀리서 어머니의 다급한 목소리가 들린다.

　집으로 오니 좋은 혼처가 나왔다며 다짜고짜 시집가라고 한다. 뻘 묻은 호미와 발을 제대로 씻기도 전이다. 신랑감은 여러 도시를 오가며 큰돈은 벌었으나 혼기를 놓친 사람이다. 매파의 말로는 나이는 많아도 고생시키지 않고 처가에도 섭섭지 않게 해준다고 한다. 어머니는 어려운 살림살이에 혼기가 차오른 딸을 돈 있는 남자에게 보내어 고생을 면하게 하고 싶었다. 그렇게 어머니의 간절함과 줄줄이 딸린 동생들의 눈빛에 집안 일으킨다는 각오로 열다섯 살이나 많은 남자에게 시집갔다.

결혼하고 보니 집칸과 논마지기가 꽤 큰 살림이다. 놉도 많고, 곁방살이하며 일을 도와주는 사람도 있다. 그러나 한가지 몰랐던 것이 있었다. 남편에게 다섯 살배기 아들이 떡하니 있는 것이다. 알고 보니 장사할 때 정분이 난 여인네 사이에서 태어났고 그 여인은 아기만 두고 집을 나가버렸다. 청천벽력 같은 현실에 어린 새댁은 낙망하였으나 아이의 맑은 눈망울을 보니 그저 안쓰럽다는 생각에 외면할 수가 없었다.

그렇게 남편의 아들을 키우며 살았으나 어쩐 일인지 자식이 생기지 않아 슬하에 자신만의 혈육을 두지 못했다. 그 후 시골 땅을 정리하고 도시로 와서 방앗간과 쌀집을 차렸다. 꽤 큰 가게라 배달원도 두고 별일 없이 운영하였다. 나무 돈통에는 늘 현금이 수북이 쌓여있고 단골도 늘어 갔다.

아들도 어느덧 커서 중학교에 진학했다. 모든 게 순조롭던 어느 날, 돈통의 돈이 자꾸 비기 시작한다. 아들이 몰래 가져간 것이다. 타이르는 것도 잠시뿐, 돌아서면 다시 손을 댔다.

돈통을 단속하자 집안의 값나가는 물건을 들고 가출을 반복했다. 며칠 잠잠하다가 이번에는 경찰서에서 연락이 왔다. 싸움을 벌이다가 상해를 입혀 치료비와 보상금을 주고 겨우 합의하여 아들을 데려왔다. 성년이 된 후에도 끝없이 돈을 요구했다. 큰돈을 한번 손에 쥐면 몇 년간 소식이 없다가 포기하다시피 하고 있으면 빈털터리가 되어 돌아왔다.

또 한 번의 긴 가출이 이어지고 있던 어느 날, 낯선 여자가 찾아왔다. 아들과 동거하다 임신하였는데 그 아들이 집을 나가서 행방불명이니 어찌해야 좋을지 몰라 찾아왔다고 한다. 기가 막힌 상황이지만 그녀의 배는 이미 만삭이었고 지쳐 보였다. 남편은 반대했지만, 아기를 낳을 때까지 집에 머무르게 했다. 해산하는 날 산파와 함께 아기를 받았다. 딸을 낳은 여자는 일주일 후 홀로 떠나버렸다. 자신의 품에서 꼬물거리는 어린 생명을 보니 가련하고 측은하였다. 아기는 순남의 품에서 자랐다.

한 번도 아기를 낳아 본 경험이 없던 순남은 마치 자신이 낳은 딸처럼 키웠다. 손녀가 커가는 재미에 시간 가는 줄 몰랐던 어느 날, 남편이 중풍으로 쓰러졌다. 십 년 가까이 보살폈으나 기골이 장대하던 남편은 하루가 다르게 여위어 가고 가세는 점점 기울어 갔다. 돈이 바닥을 드러낼 즘 남편은 오랜 병석 끝에 세상을 떠났다.

둘만 남게 된 순남은 손녀의 앞날을 위해 아들을 찾았다. 자신의 나이와 경제적 상황을 고려하여 결단을 내린 것이다. 다행히 아들은 마음을 잡고 가정을 꾸리고 있었다. 손녀는 친아비에게 갔으나 적응하지 못하고 되돌아오기를 반복했다. 마음이 아팠지만, 냉정히 되돌려 보낼 수밖에 없었다.

한편, 동네 지인 중 한 사람이 넌지시 혼자 살지 말고 좋은 영감 있으니 만나보라 한다. 처음엔 펄쩍 뛰었지만 끈질긴 권유에 만나보기만 한다는 조건으로 성사되었다. 그녀의 단단한 결심은 귀 옆 머리 허연 중년 남자를 보는 순간 자신이 살림을 맡아야겠다는 운명 같은 느낌에 꺾이고 말았다.

얼마 후, 순남은 새 남편의 굴어장을 같이 관리하며 도시와 바다를 오가며 살았다. 새 남편은 성실했고 집안일도 많이 도와주었다. 여름이면 남편의 가족들이 어장이 보이는 바닷가로 놀러 왔다. 갯가에서 놀고 있는 손자들을 볼 때마다 자신이 키운 손녀가 생각났다. 명절이면 인사 오던 손녀는 언젠가부터 소식이 끊겼다. 무소식이 희소식이라 여겨도 마음 한구석에 그늘로 남았다.

바닷가는 무슨 일이 생길 줄 몰라 늘 불안하다. 다도해 청정지역이라 태풍이 와도 큰 피해는 없었다. 그런데 어느 늦여름

강한 태풍에 집이 반파되고 애써 키우던 굴은 거친 파도에 떠내려가 버렸다. 큰 손해를 입은 것이다. 그 충격으로 몸져누운 남편은 몇 개월 후 세상을 떠났다. 주인 잃은 어장은 다른 사람 손에 넘어가고 그녀는 다시 혼자가 되었다.

두 번의 사별 뒤에 남은 것은 쓸쓸한 생의 회한뿐. 휑한 바람이 부는 버덩에 홀로 섰다. 누구에게도 아무에게도 기댈 생각 없고 원망할 기운도 없다. 몸이 지쳐갈수록 친구들과 놀던 고향 바닷가가 떠오른다. 어쩌면 그 자리가 제자리였던 것을, 잠시 외출하고 돌아온 것 같다. 그녀의 긴 한숨이 탄식의 그림자로 휘청인다.

순남은 흙 속에 숨어 있는 조개를 캐듯 지나온 세월을 캐고 있다. 밀물이 개펄을 덮어 버리듯, 기억이 세월에 묻히기 전에 누군가에게 응어리를 풀어놓고 싶어서일까. 자신만의 푸닥거리였을 것이다. 지금은 돌아가셨지만, 돌탑 위에 돌멩이 올리며 구붓이 합장하던 모습이 떠오른다.

순남은 재취로 온 내 시어머니다.

옐로 스토리

1) 초가지붕

　바닷가 양지바른 곳에 옹기종기 모여있는 시골집. 가을걷이가 끝나고 난 뒤, 할아버지는 이웃 어른들과 같이 짚으로 만든 새 이엉으로 개초한다. 낡삭은 지붕을 바꾸고 비바람에 날아가지 않도록 새끼줄로 중간중간 묶어주면 초가는 감국甘菊 보다 더 노랗게 변한다. 지붕 갈이가 끝나면 한 해 농사가 마무리되고 겨우살이를 대비하게 된다.

　갈빛이 내려앉은 한적한 마을. 그곳에서는 밀려오는 파도 소리마저 적적하다. 가덕도 연대봉에 흰 구름 조용히 걸려 있고 까마귀는 띄엄띄엄 운다. 얼기설기 문살 사이로 서편 햇살이 스며들면 할머니는 아궁이에 짚불을 태운다. 초가집 좁은 굴뚝에서는 지붕 색에 물든 연기가 노오랗게 흩어진다.

  가을바람에 너실대는 풀잎과 유난히 눈부시던 노란 초가지붕. 담장 옆에 옴팡하게 앉아있는 누런 호박. 툇마루 끝에 오도카니 앉아 연락선 뱃고동에 귀 기울이며 아버지가 데리러 오기만 기다리던 아이. 짧은 가을볕에 익어버린 어린 마음에는 하루가 지루하고 길었다. 석양에 비친 노르스름한 윤슬이 아련하던 그 시절, 노란색은 기다림의 색이다.

2) 다다미

  일본식 주택에서 태어나고 유년기의 추억이 담긴 그곳, 보수동 적산가옥. 일본 특유의 차갑고 어두운 실내는 겨우내 냉기가 돌았다. 집안에 다다미가 깔려 있지만 보온이 되지 않아 잠잘 때는 이불 속에 넣은 유담프 하나로 견뎌야 했다. 작은 온기나마 자매들과 나누며 누웠던 기억은 오래도록 포근하게 남아있다.

  한 번씩 다다미를 교체할 때가 있다. 납작하게 가라앉고 오래된 것을 분해하듯 한판씩 걷어내었다. 새로 깐 다다미가 유난히 샛노랗게 기억되는 그때. 새것으로 바꿔놓으니 폭신한 느낌이 들었다. 그 위를 동생과 괜히 콩닥콩닥 뛰어 보기도 했던 시절에는 다다미의 시큼한 골풀 냄새가 스며 있다.

몇 년 전, 초량에 있는 꽤 큰 일본식 목조 가옥을 방문한 적 있다. 그곳은 일제 강점기 시절 일본인 사업가가 살았던 집이다. 단층이었던 우리 집과는 비교도 할 수 없는 넓이와 긴 나무복도, 정원에 서 있는 굽은 노송이 집의 유래와 권위를 말해주는 듯했다. 그 시절 자취를 되새기는 시간이기도 했지만, 기억 속에 묻혀있던 감성을 흔든 것은 이층 다실에 정갈하게 깔린 다다미였다. 타국의 주거 양식이라는 이질적 느낌은 사라지고 옛 친구 만난 듯 반가웠다. 어린 시절 한쪽에 자리 잡은 노오란 다다미. 식민지의 잔재일 수 있는 문화를 거부하지 않고 애잔하게 추억하는 나에게 그 노란색은 회상의 색이다.

3) 빈센트 반 고흐

  생전에 빛을 못 본 고흐의 그림은 어둡지만 꿈을 안고 있는듯, 강렬한 색상과 독특한 질감으로 사람들의 호기심을 자극한다. 그는 지독한 가난과 절망으로 힘겨워하다가 오베르의 노란 밀밭에서 권총 자살을 시도한다. 미수에 그쳤으나 결국 후유증으로 사망했다. 비극적 종말을 맞았지만, 그가 그린 해바라기는 아이러니하게도 현대인에게 희망과 행운을 상징한다.

  고흐가 즐겨 채색한 노란색은 미래에 대한 희망일까. 계속

되는 불운에도 불구하고 자신의 흔적을 남기려는 욕구의 표출일까. 해바라기 그림은 삶의 유한성과 인생의 허무를 표현했으며 그가 아니면 도출할 수 없는 피사체였다. 보이는 대로가 아닌 느끼는 대로 묘사한 그는 서양미술의 중요한 전환점을 예고했으며 표현의 다양성을 열어주었다.

  암스테르담의 반고흐 미술관에는 다난했던 생애를 추모하는 열기로 노랗게 물들어 있다. 인생의 날것 그대로의 삶을 살며 고독과 외로움이라는 깊은 상처를 안고 있었지만, 사람들에게 감동 주는 작품을 연이어 그렸다. 그의 그림을 찬찬히 들여다본다. 고흐가 격정적으로 표현했던 노란색이 마치 평안을 위한 촛불처럼 조용히 빛나고 있다. 내 마음이 투영되었기 때문일 수 있다. 예술은 표현하는 자와 감상하는 자의 정서적 교감이다. 고흐도 안식하고 있을 것이다. 그에게 노란색은 영혼의 색이었을까.

4) 아버지

  할아버지는 맏아들에게 기대가 컸다. 빈농의 칠 남매 장남인 아버지를 일본으로 유학 보냈다. 유학은 돈과 가족의 희생이 필요하다. 농사일 외에 할머니의 행상과 할아버지의 노동 품팔이가 이어졌다. 아버지도 일본에서의 생활이 만만치 않았다. 신문 배달과 우유 배달, 차별과 배고픔이 뒤따랐지만 힘들게 졸업하고 부산에서 공직 생활을 시작하셨다.

얼마 후, 아버지에게 평소 꿈꾸었던 사업을 해볼 수 있는 기회가 왔다. 애써 모은 돈과 할아버지의 시골 땅도 팔아 사업에 쏟아 부어 어렵게 출발하였다. 안정적인 공직 생활을 버리고 시작한 일이 실패한다면 부모 자식이 거리에 앉을 판이다. 모든 게 난관이었다. 그 와중에 어머니에게 폐결핵이 나타났다.

맨몸으로 사업을 일으키려니 술 접대가 일상이었고 온갖 업무를 혼자 감당해야 했다. 병약한 아내를 병원으로 보내고 집에 남아있는 자녀들 걱정에 하루도 마음 편할 날이 없었으리라. 퇴근하면 반겨 주는 아내 없는 헛헛한 마음에 저녁 밥상에는 늘 술이 반주로 올라왔다.

경영은 안정기에 들어섰지만, 아버지에게 병마가 찾아왔다. 사업과 건강을 맞바꾼 것이다. 간경화로 얼굴이 노래지고 눈의 흰자위도 노르스름하게 변했다. 아버지의 얼굴에 어둡고 노란색이 없어지기를 기도했지만, 효험이 없었다. 황달. 그 노란색은 죽음의 색이었다.

레드 스토리

1) 첫 꽃

　붉은 꽃이 피었다. 죽은 깨 말라깽이 소녀의 가슴에 홍매 몽우리 맺히듯 젖멍울이 봉긋이 부풀기 시작했다. 생리적으로 성숙 단계가 한걸음 씩 올라가고 있지만, 아직 마음은 철없는 계집아이였다. 당시에는 규율이 엄격하기만 했고 여성 교육은 쉬쉬하고 미미했다. 언니들이 있었지만, 나이 차가 많아서인지 나를 어린애 취급했다. 사춘기 소녀가 알아야 할 이야기를 해주는 사람이 없었다.

　중학교 일학년. 초등학교 육학년 때 어머니가 돌아가시고 새엄마가 들어오기 전 일이다. 자고 일어나니 속옷에 엄지손가락 정도의 혈흔이 묻어있다. 초경이 다른 친구보다 빨리 나타났고 월경에 대한 지식이 없으니 큰일이라도 난 줄 알았다. 소중히 지켜줘야 할 그 꽃은 공포의 대상이었다. 뭔지 모르지만 부끄럽고 놀라워 언니에게도 말하지 못했다. 그런데 반나절 정도 지나니 별일 없이 멈추었다. 잠시 상처가 나서 그런가 하고 지나쳤다.

  한 달이 지났다. 잊고 있던 꽃이 다시 나타났다. 학교에 가야 하는 데 어떤 조치가 필요한지 몰랐다. 그냥 지난번처럼 시간이 지나면 괜찮을 줄 알고 특별한 준비 없이 학교로 갔다. 점심시간이 지나자 뭔가 이상했고 내 의지와 상관없이 고장 난 수도꼭지처럼 줄줄 흐르는 느낌이 들었다. 화장실에 급히 뛰어갔더니 속옷에 붉은 꽃이 만발했다. 어떻게 수습해야 할지 몰라 당황했고 얼굴은 점점 흙빛으로 변해갔다.

  일어서면 쏟아져 내릴 것 같아 종료 시각이 지나도 움직일 수가 없다. 청소 분단 친구들이 의자를 책상에 올리며 비질을 시작한다. 머릿속에는 별별 생각이 다 들었다. 주변에서 수군거리는 듯한 소리, 벌겋게 물든 속옷, 어쩌면 감색 교복 치마까지 젖었을 수도 있다는 낭패감에 입 안이 바짝바짝 말랐다.

  정신은 엉클어지고 머릿속은 뒤죽박죽이던 그때, 늘 웃으시던 가정과목 선생님이 퍼뜩 떠올랐다. 친구에게 선생님을 불러 달라고 했더니 절박한 내 목소리에 놀라 얼른 교무실로 뛰어가서 모셔 왔다. 여 중학교라 종종 이런 일들이 생기는지 선생님은 큰일 아니라는 듯 차분히 처리해주었다. 지금도 선생님의 다독여 주던 목소리를 잊지 못한다.

  평상시보다 늦은 하굣길. 집으로 걸어가는 길이 왜 그리 멀게 느껴지던지…. 지나가는 사람들이 내 얼굴만 쳐다보는 것 같았다. 담벼락에 피어있는 늦가을 붉은 꽃도 빤히 나를 보고 있는 것 같아 얼굴을 돌려 버렸다. 주눅들 일이 아닌데도 무언가를 들킨 것처럼 고개 숙이고 잰걸음으로 걸었다.

  단발머리 소녀는 혹독한 신고식 끝에 길고 긴 여성의 길로 들어섰다. 여자로서 배려받아 마땅한 상황을 숨기고 드러내기 꺼리며 사십 년 가까운 세월을 쉼 없이 걸어왔다. 이제는 완경이라는 축하의 선물을 받았다. 자손만대 기틀이 되는 꽃이지만 무지와 혼돈으로 맞닥뜨린 첫 꽃이었다. 그때 붉은색은 수치심의 색이었다.

2) IMF

  특별한 일은 일어나지 않으리라 생각했다. 우리에게 절대 닥치지 않을 거라 굳게 믿고 있었다. 하지만 전 국민을 떨게 한 그 사태를 우리라고 피해 갈 수 없었다. 어느 날 가장 큰 거래처 사장이 부도의 중압감에 못 이겨 투신자살해 버렸다. 그때부터 아수라장이 되기 시작했다. 밤낮으로 뛰며 수습해 보려 했지만 역부족이었다. 연쇄 도산의 파도를 넘지 못하고 휩쓸려 가고 있었다.

  늦은 밤 남편 눈치를 보며 어찌 되어 가는지 조심스럽게 물어보지만 돌아오는 대답은 '걱정마라'였다. 긴장하며 몇 달을 지내던 중, 누군가가 집 문을 다급하게 두드린다. 누군지 인터폰으로 물어도 남편 이름만 부를 뿐, 계속 문 열라고 재촉한다.

  왠지 불길한 마음으로 문을 열자 남자 두 사람이 거칠게 들이닥쳤다. 가전제품과 값나가 보이는 물건에 무엇인가를 붙인다. '압류 물표목'. 다리가 후들후들 떨렸다. 말로만 듣던 빨간 딱지가 붙은 것이다.

  지금 배짱 같으면 '까짓거 중고 가전, 가져갈 테면 가져가라' 했을 텐데 그때는 억장이 무너졌다. 눈물도 나지 않았다. 말로만 듣던 광경을 내가 당한 것이다. 제일 뼈아픈 것은 아끼던 오디오가 아니고 아들이 치던 피아노였다. 사춘기 예민한 아들에게 어떻게 설명해야 할지 막막했다.

  어찌 됐든 정신부터 차려야 했다. 그런데 네모난 딱지를 자세히 보니 빨간색이 아니다. 명함 사이즈 정도 되는 진분홍색이다. 그 색이 왜 빨간색으로 통용되는지 의아했다. 경황이 없어 붉게 보인 걸까. 지금은 색이나 모양이 바뀌었을까. 아직도 빨간딱지라 말한다. 그것은 정신적인 고문이며 형벌과도 같다.

 운동 경기에서 최고 벌칙은 레드카드다. 가차 없는 퇴장을 뜻한다. 교통 신호등에도 붉은색은 금지 색이다. 차도 사람도 움직이면 안 된다는 무언의 압력이다. 어길 시에는 신체 위험과 벌금이라는 금전적 손실이 온다. 한국인에게 빨갱이라는 단어는 최악의 논쟁거리다. 이념과 상관없이 사회 통념이 만들어 낸 경고색으로 선택되었다. 빨간색으로서는 억울한 일이다.

 삼십 년 가까운 세월이 흘렀지만 언론 매체나 대화 중에 IMF 단어가 나오면 그때 일들이 빛바랜 파노라마처럼 펼쳐진다. 어떻게 헤쳐왔을까, 지금 생각해도 모를 일이다. 돌아보니 그 세월도 별거 아니라는 담담한 마음이 든다. 겪어 봤기 때문에 그럴까. 두렵지도 않고 허망하지도 않다.

 트라우마로 남은 빨강이지만, 어떤 일이 일어나도 흔들리지 않겠다는 단단한 마음으로 새겨졌다. 이제는 레드 와인 한잔 손에 들고 서녘에 펼쳐진 붉은 노을을 감탄하며 바라보는 여유도 생겼다. 옹이 박힌 시간도 잘 견뎌낸 내가 참으로 용하다.

 한때 빨강은 내 인생에 레드카드를 준 충격적인 단어였지만 지금은 달관의 색이 되었다.

바람의 그늘

 태풍이 가까이 온다. 하늘에는 먹구름이 낮게 떠서 빠르게 지나가고 수면에는 너울이 바람을 등에 이고 하얀 발톱을 보인다. 까마귀는 황급히 무리를 부르고 바위에 부딪히는 파도의 포말은 예사롭지 않다. 태풍이 당도하려면 하룻밤 더 지나야 하지만 모두의 안전을 위해 미디어에서는 불안감을 증폭시킨다. 발걸음을 재촉한다. 사람들은 자신의 일상을 스스로 제한한다.
 다음날, 새벽부터 날씨가 심상치 않다. 태풍의 중심이 부산 인근 해안지역을 휩쓸고 지나간다. 집 앞 나무는 강풍에 허리가 구부정하게 휘어지고 가지의 잎들은 찢어져 날린다. 바람소리는 점점 옥타브가 올라가고 굵은 장대비는 베란다 창문을 마구 두들긴다. 도로에는 용무가 급한 차들만 이따금 달릴 뿐 인적도 없다. 방송사마다 태풍의 진로와 피해에 대해 전쟁 속보하듯 쏟아낸다.

  태풍이 지나간 오후는 적막 속에 엎드려 있다. 비바람에 지친 거리에는 꺾인 가지가 도로 위에 힘없이 누워있고 떨어진 잎사귀들은 담벼락으로 밀려 바싹 붙어있다. 강풍을 겨우 이겨낸 나무들은 여전히 제정신을 찾지 못하고 기력이 빠진 얼굴이다. 쑥대머리가 된 이파리를 한동안 가다듬지 못할 듯하다.

  태풍도 자연의 에너지에 따라 길을 만들어 가듯 나를 끌어당기는 바람의 그림자 따라 길을 나선다. 산책로와 연결되어 아파트 단지 중심으로 넉넉한 물길을 열어주는 춘천 천 입구에 도착했다. 큰비가 오고 난 뒤라 물살이 서로 뒤엉키며 급하게 흐른다. 물소리가 폭포 떨어질 때처럼 우람하다. 개울을 건널 수 있는 징검다리는 불어난 물살에 묻혀 보이지 않는다. 하늘 끝에는 먹구름이 아직 낮게 떠 있고 구름 사이 파아란 하늘이 손톱달처럼 열리기 시작한다.

  하천은 자연 그대로의 환경을 살리면서 잘 조성되어 있다. 날씨가 좋았다면 물가에 앉아 발을 담그며 망중한을 즐기기에 좋을 듯하지만 격류가 심상찮다. 태풍 뒤끝이라 한가한 생각은 잠시 접어두어야 한다. 세찬 물줄기 따라 공원 입구에 있는 대천호수에 다다랐다. 수위는 한층 높아져 만월처럼 가득 담겨 있고 태풍의 여파로 바다처럼 물결이 출렁인다. 그곳을 지나 계곡으로 접어든다. 긴 숲길은 빗물을 머금어 습하다. 작은 소沼 마다 물살이 소용돌이치며 빠져나간다.

발아래 나뒹구는 작은 열매를 줍는다. 태풍에 떨어져 덜 익은 모양새다. 그것이 무의미해 보이지만 곰곰이 생각해 보면 그 또한 몸을 가벼이 하고 결실을 맞으라는 계절의 경고가 아닐까. 하찮은 욕심 따위는 내려놓아야 알찬 결실을 얻을 수 있다는 메시지다. 생명의 뜨락에 펼쳐진 만고의 결실은 자연의 질서와 에너지를 받아 만개 된 것이리라.

자연 속에는 생명을 여는 저마다의 꿈이 있다. 거대한 바다, 드센 물소리는 대장부의 열망을 쏟아내고, 어머니의 비손 앞에 놓인 정화수에는 애간장이 녹아있다. 바람은 나무를 흔들며 계절을 재촉하고 처마 끝에 달린 풍령은 세상 근심을 깨운다. 불은 대보름 달집을 태우며 소망을 기원하고 호롱 위에서는 조용히 몸을 흔들며 책을 읽는다. 흙은 잉태를 고한다. 씨앗이 움트는 소리로 만물의 소생을 알리고 열매를 터트리며 축복의 노래를 부른다.

태풍 지난 뒤에 낮게 깔린 고요를 즐긴다. 이따금 들리는 풀벌레 소리에 잎새도 엷게 사그락거리고 새들은 종종거리며 나뭇가지 사이를 들락거린다. 문득, 가냘픈 새들은 거대한 자연의 위력을 어떻게 견뎌냈는지, 집은 제대로 건사했는지, 둥지의 새끼들은 무사한지, 마치 가족인 듯 그들을 걱정한다. 풍진 하루를 보내고도 한결같은 목소리로 제자리를 찾아가는 새들이 콘크리트 속에 숨어 칩거하고 있는 인간보다 여유롭다는 생각이 든다.

　산에서 내려와 산책로 어귀에 자리 잡은 도서관에 들어섰다. 늘 애정하는 자리가 있다. 오후의 햇살이 잘 드는 창가다. 서향이라 운이 좋으면 멋진 석양까지 감상할 수 있다. 사람이 많을 때는 그 자리를 잡지 못하지만, 태풍 뒤끝이라 한산하다. 조용히 의자를 끌어당긴다. 바람의 선물인가. 이처럼 적요한 열람실은 참으로 오랜만이다. 도서관이 주는 강요된 침묵이 아니라 깊은 산속 수행자의 처소처럼 고적하다.

　바람이 내어준 그늘에 앉아 잠시 생각에 잠긴다. 자연이 주는 여유로움을 한껏 느끼며 좋은 것만, 기호에 맞는 것만이 이롭다고 생각하지 않아야 한다. 우리가 좋아하는 햇살 좋은 날은 다른 이에게는 가뭄이라는 재앙이 되고, 피해가 크다고 생각하는 폭우는 다른 지역에서는 해갈에 도움이 되는 단비가 되리라. 어떤 역할을 하더라도 인간의 영위는 자연 생태에 동반하는 것이다. 그것이 자연에 기대어 살아가는 방식이 아닐는지.

  도서관의 두꺼운 유리 벽을 뚫고 춘천 천의 우렁찬 물소리가 들려 온다. 힐링 음악처럼 잡다한 근심과 도시의 기계음을 용해한다. 마음이 편안해진다. 어스름이 내리기 시작하자 하나둘 자리를 뜬다. 녹 빛 창가는 먹물이 짙게 스민 화선지처럼 무채색으로 변하고 인공 빛으로 밝아진 횅한 열람실이 귀갓길 발걸음을 재촉한다.

런닝 맨 Running man

'탕'.

푸른 하늘을 향해 한 발의 총성이 높이 울린다. 그 소리에 많은 사람이 쏟아져 나온다. 깡마른 몸과 탄탄한 근육의 선수들은 페이스를 조절하며 뛰기 시작한다. 아마추어 선수들도 형형색색 옷 입고 상기된 표정으로 달린다. 길목마다 들려 오는 격려의 박수를 받기도 하고 응원 없이 혼자 외롭게 뛰기도 한다. 반환점을 지나면 어느덧 선두 그룹이 형성되고 그날의 우승자가 점쳐진다.

레이스 초반에 컨디션이 좋다고 무리하는 경우가 종종 있다. 고비가 오면 탈진하고 도중에 포기하기도 한다. 이때 필요한 건 페이스 메이커다. 잘 나갈 때 쓴소리도 마다하지 않고,

지쳤을 때 힘이 되어 주는 진정한 조언자다. 우리 인생길에도 멘토가 있다. 그들은 주변의 지인인 경우가 많지만, 제자리에 있는 자연물이 던지는 메시지일 수도 있다. 귀담아듣는 지혜는 갈증 날 때 마시는 한 모금의 생수만큼 힘을 돋운다.

태초부터 인간이 생존을 위해 필요했던 과정은 달리기다. 뛰지 않으면 생명이 위험하다. 대상물을 잡아서 먹거리를 해결하려면 그보다 빠른 걸음이 필요했고 포식자에게 잡히지 않기 위해서는 사력을 다해서 달려야 했다. 이렇듯 우리의 DNA에는 뛰어야 산다는 절체절명의 사고가 내장되어 있다.

조물주는 인간에게 뛰는 재능을 허용했다. 그것은 더 멀리 더 넓게 시선을 확장할 수 있는 수단이다. 직립 보행을 시작했던 시기에 인간은 뛰는 능력을 익힘으로써 생존 가능성을 더 높였고 공룡이 지배했던 지구에서 인류가 주인공으로 등장할 수 있었다. 인간만이 자신의 의지와 노력으로 꾸준히 오래 뛰기 할 수 있다. 포식성 동물들은 폭발적인 속도를 내지만 계속 유지하지 못한다.

달리기는 인간과 친숙하고 가장 오래된 스포츠다. 고대 그리스의 운동 경기 그림에 근육질의 남자가 나체로 뛰고, 그리스 신화에도 달리기의 신이 존경과 열정의 신으로 묘사되어 있다. 손자병법의 36계도 뛰어 도망가는 것이다. 승리하기 위한 여러 계가 있지만 달리기는 위험으로부터 살아남기 위한 마지막 전술인 거다. 중국 춘추시대에서도 런닝의 중요성을 일찌감치 터득한 것 같다.

현대의 인간은 무익한 노동에서 뛰고 있다. 마치 눈가리개를 쓴 경주마처럼 오로지 앞만 보며 달리고 있다. 뛰지 않으면 세월의 굴레에 깔려 죽을 것 같다. 끝을 알 수 없는 지옥의 바퀴가 뒤쫓아 온다. 죽어라 뛰어도 아무것도 이루어지지 않는 사람들은 초침 같은 심장을 움켜쥐고 달리고 달린다. 절망과 좌절에서 건져 줄 희망을 향해 지금도 뛴다. 결승점이 어디쯤일까를 생각할수록 고통스럽다.

돌아보니 참 열심히 뛰었다. 하지만 성공에 도달하기 일보 직전에 흩어져 버린 목표들. 임용 탈락 두어 번에 세월은 가버렸다. 그럴수록 내가 맡은 일에 사력을 다했다. 물론 오르지 못한 목표에 대한 보상심리인 줄 안다. 일등으로 도달하진 못했지만, 그 과정에서는 누구보다 대차게 달렸다.

사람들은 종종 결심을 말할 때 "열심히 뛰겠습니다."라고 말한다. 그것은 열심히 일하겠다는 언어와 동일시된다. 그 말에는 전력을 다하겠다는 마음이 깔려 있다. 뛸 때는 다른 잡생각이 들지 않는다. 오로지 목표에만 집중한다. 뛰다 보면 어떤 일에도 굴하지 않고 자신이 정한 계획에 한 걸음씩 내딛는 장기적인 호흡이 필요하다는 것을 알게 된다. 일희일비하지 않고 묵묵히 뛰어야 한다는 것도 깨닫는다.

  인류를 위협하던 동물과 거친 환경은 권력과 돈이라는 사회적 맹수로 변해서 빈 몸으로 태어난 인간을 향해 돌진하고 있다. 그것을 잡으면 성공이라는 선물을 거머쥐고 짓밟히면 낙오자가 된다. 끈질긴 인간만이 극복할 수 있다. 시시포스처럼 타의에 의해 끌려갈 것이 아니라 자신의 의지로 돌을 굴리는 의지적 인간으로 다시 일어설 때 한걸음 성숙해지고 발전해 나간다.

  LED 스크린 속에 사람들이 달리고 있다. 세계적인 팝 아티스트 줄리언 오피의 작품이다. 그는 검은색의 굵고 또렷한 윤곽선으로 디테일을 생략한 채 대상의 본질적인 특징만으로 표현하였다. 반복적으로 뛰는 사람들의 모습에서 맹목적이고 바삐 살아가는 현대인의 모습을 읽을 수 있다. 해운대 번화가에 설치되어있는 그 작품을 보고 있으면 단순한 움직임인데도 두 다리의 걸음이 빨라진다. 내 속에 잠겨 있는 본능적 질주가 조형물을 통해 되살아난다.

  주먹을 불끈 쥔다. 좌절을 겪어도 일어나고자 하는 의지를 갖고 있으면 도태를 면할 수 있다. 인류의 존재는 실패해도 끈기 있게 도전하는 과정에서 뚜렷해진다.

  결승선이 눈앞에 보인다. 일등이 아니면 어떻냐. 걱정할 필요가 없다. 목표한 길을 스스로 이루었으니 런닝 맨의 레이스는 성공한 것이다. 뒤늦게 들어 왔을 때 박수 소리가 없다고 실망하지 마라. 가슴 터지도록 뛰는 심장의 박동이 그대 몸에서 울리는 뜨거운 박수가 아닌가.

층계참

 숨이 턱에 받친다. 올라갈수록 가파른 길이 끝없이 이어진다. 우거진 숲을 지나자 푸른 듯 엷은 산 너머로 바다가 보인다. 저 멀리 앞산은 어깨를 겯고 뒷산을 위해 머리를 낮춘다. 위를 쳐다보니 구름자락이 손에 잡힐 듯 맞닿아 있다. 어디가 하늘인지 어디가 산봉우리인지 가늠할 수 없다.
 산은 비바람과 풍진 세월을 이겨내고 당당한 위용을 자랑하며 서 있다. 능선을 둘러싼 울창한 녹색 숲과 사이사이 서 있는 회갈색 암석이 붉은 햇빛에 부딪혀 극명한 보색이 된다. 골은 더 깊어 보이고 산세는 묘한 품새로 펼쳐져 있다. 정상을 향한 길은 빼어난 풍광을 그냥 보여주지 않겠다는 듯 강파르고 아찔하다. 아무에게나 쉽게 내어 주지 않는다.

급한 오르막에 계단이 보인다. 설킨 나무뿌리와 울퉁불퉁한 돌이 튀어나온 경사길을 가량없이 걷다가 계단을 만나니 반가운 마음이 든다. 사람들이 편하게 오를 수 있도록 나무로 된 것도 있고, 쇠로 만든 곳도 있다. 그것을 밟고 올라가다 보면 여러 갈래로 방향이 꺾이거나 급경사가 진 곳에는 잠시 쉬어 갈 수 있는 넉넉한 공간이 나온다. 층계참이다.

난간에 기대어 거친 숨을 고른다. 뒤따라오던 사람이 지나쳐 올라간다. 그들이 내뿜는 싱싱한 호흡이 부럽다. 잠시 후, 정상을 찍고 내려오는 사람을 만난다. 조금만 가면 된다는 말과 함께 힘내라는 용기도 준다. 내려놨던 가방을 어깨에 멘다. 진정된 맥박을 붙잡고 다시 계단에 오른다.

가쁜 숨을 내뱉으며 걷다 보니 잡다한 생각이 비워지고 몸의 모든 감각은 걸음에만 집중된다. 오로지 진전만을 위해 살아가는 인생 같다. 나무 사이를 날아다니는 새들의 청량한 날갯짓도, 풀숲에 핀 연분홍 메꽃도 눈에 들어오지 않는다. 이마에서 흘러내린 땀방울만이 내 존재를 확인시켜줄 뿐이다.

한참을 걷다 보니 다시 층계참이 나온다. 어느새 올라왔던 길이 눈 아래 펼쳐진다. 튼실한 남자의 가슴팍 같은 단단한 돌산이 반긴다. 탁 트인 시야에 바다가 훤하게 넓어졌다. 다도해의 섬들이 오밀조밀 경쟁하듯 모여있고, 저 멀리 수평선이 기약 없이 광활하다. 올라올 때 만났던 우렁찬 나무들이 정원의 키 작은 나무처럼 오종종하게 보인다. 내려다본 산하는 벅차도록 푸르르다. 자연에 대한 인간의 선천적인 애착과 회귀 본능은 녹색에 대한 동경을 부르기도 한다.

삶은 험산을 오르는 것과 같다. 각자 인생 사는 방법이 다르듯 오르막을 오를 때 사람들의 습관이나 쉬는 방법이 다르다. 단숨에 올라가거나 층계참에 앉아 땀을 식히며 쉬어 가기도 한다. 처진 사람을 앞질러 가기도 하고 잘 걸어가는 사람에게 길을 비켜 준다. 살아갈 때도 그렇게 산다.

이십여 년 교단에 섰다. 학생들을 가르치며 열심히 걸어 올라왔으나, 뒤따라오는 팔팔한 젊은 강사들과 나와 같이 나이 먹어가는 과장 교수를 보면서 그만두어야겠다는 생각했다. 사직하겠다는 말에 잠시 흔들리는 그분의 처진 눈매가 지금도 선하다. 그도 자유를 꿈꾸었을까. 오랜 세월 쉬지 않고 걸어온 길을 멈추어 층계참에 섰다. 보상이라도 하듯 여행 가방을 끌고 평소 꿈꾸던 도시로 훌훌 떠났다.

스스로 쉬는 시간을 갖기도 했고 병원에 한동안 입원하느라 쉼의 공간에 갇혀 있을 때도 있었다. 층계참에 앉아 이정표가 가리키는 여러 길 중 어떤 길을 선택할지 생각했다. 정상을 향해서가 아니라도 계속 걸어야 할지, 샛길로 방향을 바꿔야 할지. 하지만 인생은 내 의지와 상관없는 길로 안내하기도 한다.
 아들이 약국을 개업했다. 처음 두어 달만 도와주기로 했다. 이때껏 해왔던 직업과는 전혀 다른 업종이다. 아들은 자리 잡기 위해 최선을 다했고 성공을 바라는 어미 마음은 애탔다. 손님들에게 더 고개 숙였다. 잠시만 일하기로 했는데 약국 보조 직원으로 삼 년을 보냈다. 규모를 넓혀 이전한 아들은 어미보다 전문 직원이 필요한 눈치였다. 고만두어야 할 시점인 것 같았다. 층계참이 필요한 때다.
 층계참에 서니 정상에서 불어오는 바람결이 시원하다. 푸르디푸른 산하가 내 품에 와 안긴다. 아래에서 올려다본 산은 거칠고 까마득하기만 하였는데 내려다본 산하는 유순하기 그지없다. 자연은 힘겹게 올라 온 자에게만 광활한 풍광을 스스럼없이 보여준다.
 긴 들숨으로 산의 정기를 빨아들인다. 불현듯 울컥해지는 기분이 든다. 펼쳐진 자연은 눈으로 담고 지난 세월은 마음으로 담는다. 힘들게 걸어왔던 옛일들이 낡은 영상처럼 지나간다. 누구에게나 흘러간 날들은 늘 즐겁지 않다. 구비 진 길도 있지만, 딱히 내려가고 싶도록 힘들었다는 기억도 없다. 중간중간 쉬어 가는 층계참의 시간이 있었기에 나름 정상까지 올라 온 것이 아닌가 한다.

다시 걷는다. 새로운 풍경이 이어 나오고 다양한 사람들과 어울려 앞서거니 뒤서거니 오른다. 오색 사연을 엮어내고 풀어 가며 삶의 길을 동행한다. 계단마다 층계참이 있듯, 인생길에도 쉬어 가는 시간이 있어 지치지 않고 여기까지 걸어 온 것이리라.

내려다보니 계단이 쉼 없이 걷고 있다. 비바람에도, 앞을 가로막는 돌덩이에도, 아찔한 벼랑길에서도 말없이 오르고 있다. 온갖 시련을 헤치고 묵묵히 걷는 계단을 위해 층계참이 그들의 휴식처가 되고 있다. 산의 허리를 감싼 계단이 더욱 경이롭게 보인다.

Cafe 그레이스

늦여름 열기조차 가로수 그늘 밑에 느긋이 쉬고 있는 오후. 오랜만에 같은 아파트 단지에 사는 지인을 만나 점심을 하였다. 어느 자리에서나 유쾌함을 잊지 않았던 그녀는 식사가 끝난 후, 분위기 좋은 카페가 있다며 앞장선다. 천천히 걸음을 옮겨 번화한 네거리를 벗어난다. 상가 쪽이 아니라 그녀의 아파트 쪽으로 방향을 잡는다.

요즈음은 집에 누군가를 선뜻 초대하지 않는다. 타인에게 집을 개방하면 번거롭고 뒤 마무리 때문에 꺼린다. 아주 가깝지 않으면 거의 밖에서 만난다. 그런데 차를 마시자며 집으로 초대한다. 깔끔하고 군더더기 없는 거실 인테리어가 솔직하고 밝은 성격을 대변해 주는 듯하다.

아이들이 어렸을 적, 요즘처럼 키즈카페가 없어 친구들은 돌아가며 집에서 모이기도 했었다. 자식들이 성장하자 밖에서 만났고 맛집과 근사한 카페를 순회하기 시작했다. 친구를 만나는 것보다 뷰 좋은 카페가 관심을 끌고, 어떤 식당이 핫한지 궁금할 지경이 되었다. 그런 상황이 익숙하던 나에게는 신선한 충격이었다.

"내가 그레이스 켈리를 좋아하잖아요."

그녀는 꿈꾸듯 말했다. 여자라면 누구나 꿈꾸는 미모의 배우이며 한 나라의 왕비가 된 여인이다. 집에 들어서는 순간 그녀는 카페 그레이스의 주인이 되고 지인 누구나 편하게 차를 마실 수 있는 사랑방으로 변했다. 내가 커피를 즐겨하지 않는다는 것을 기억한 그녀는 얼음 칵테일 된 오미자차를 내왔다. 섬세하고 다정한 카페 주인이다. 배려가 담긴 시원한 차를 마시며 적적했던 그동안의 시간을 얼음 녹이듯 녹여낸다.

그녀에게 내가 쓴 수필집 한 권을 선물했다. 그동안 소식이 없더니 책 준비하느라 잠잠했냐며 살포시 웃는다. 책에 관련된 이야기를 나누다 어느덧 우리는 너나 먼저 할 것 없이 어린 시절을 떠올렸다. 나에겐 계모에 관한 편하지 않은 사연이 있다면, 그녀에겐 도박과 폭력을 일삼는 계부에 대한 어두운 그림자가 있다. 지옥 같은 인연을 끊어내지 못한 어머니에 대한 애증으로 친정의 일은 입에 담기 꺼렸다. 이젠 엉킨 실타래 풀 듯 풀어낸다.

그레이스. 우아하면서도 격조 있는 이름이다. 우울했던 성장 과정에서의 트라우마를 극복하고자 하던 부단한 노력이 지금의 그녀로 이끌지 않았을까. 연약한 외모를 가지고 있지만 누구보다 강단 있고 매사에 열정적이다. 청량한 차 한잔처럼 남은 인생도 명쾌하리라.

그녀는 삼십여 년 직장 생활의 정점을 찍고 퇴직했다. 그리고 다시 그레이시 한 삶을 위해 부단한 노력을 한다. 자신을 가꾸는 것이 무엇인 줄 아는 그녀. 멋이나 화장이 아닌 넉넉한 아량과 기품을 갖추려는 그녀에게 나는 말할 것이다. 그대는 카페 주인이 아닌 진정한 삶의 주인공이라고….

때론 말하지 않아도

 가슴이 아릿하다. 명치끝에서 물기 머금은 감정이 훅하고 올라온다. 어두컴컴한 공간에 들어오는 한 줄기 희미한 빛만으로 사물이 어렴풋이 드러난다. 차츰 동공이 넓어지고 실내의 물상이 하나씩 윤곽을 잡는다. 정면에 있는 십자가가 성스럽게 보인다. 오랜만에 마주하는 예배당이다.
 아이들이 어렸을 적, 이웃의 권유로 교회에 다니며 기독교 신앙 공동체에 젖어 들었다. 그렇게 십여 년 종교 생활하던 중 뜻하지 않게 교회가 갈라졌다. 교인들은 사람 따라 이리저리 나뉘고 뿔뿔이 흩어졌다. 하나님만 보고 가야 하지만 인간적인 욕심으로 파국을 맞게 된 것이다. 실망과 분노가 신뢰와 배려를 덮어 버렸다.

그 후 종교 생활은 흐지부지되었지만, 친구처럼 친했던 교인과는 연이 끊기지 않고 오래 지속되었다. 그 친구와는 흉금을 털어놓았고 서로에게 힘이 되어 주는 사이가 되었다. 그녀는 퇴직 후 청도에 세컨 하우스를 지어서 귀촌 생활을 시작하였다. 산세가 편안하고 물길이 평화로운 마을에서 흙내와 산바람을 맞으며 새로운 인생을 시작한 친구는 나와 달리 시골 교회에서 여전히 신앙생활을 하고 있었다.

담홍빛 감이 익어가는 넉넉한 가을. 청도에 놀러 간 김에 친구가 다니는 교회에 들러서 차나 한잔하고 오기로 했다. 시골 교회답게 아담하면서도 주변의 자연과 어울리는 소박한 외관이 인상적이다. 주중이라 교인들은 없었고 본당 옆 별채에는 언제든 방문하는 사람들을 위해 작은 다실이 마련되어있다.

단풍이 질박하게 물든 교회 주변을 산책하고 난 뒤 예배당에 들어섰다. 불 꺼진 본당에 어렴풋이 십자가상이 보인다. 스위치를 켜니 못 박힌 예수님의 모습이 환하게 다가왔다. 갑자기 가슴이 떨렸다. 그곳은 한동안 마음을 의지하던 공간이었지만 오랫동안 외면하던 곳이기도 했다.

그때의 무의식적인 행동이 되살아났다. 맨 뒤 의자에 앉아 두 손을 모았다. 마음속 깊이 가라앉아 있던 기도가 나왔다. 무엇을 위한 기도이기보다 다시 고개 숙이면서 일어난 동작이다. 교회 다닐 때 습관적으로 하던 때와 달리 뭉클함이 올라왔고 다른 세계로 들어가는 느낌을 받았다. 몽환 속에 홀로 떠 있고, 무엇인가 나를 감싸 안는다. 이런 기이한 느낌은 처음이었다.

시골 작은 교회를 위해 헌금을 하고 싶었다. 지갑을 탈탈 털었다. 신용카드를 주로 사용하다 보니 당장 드릴 수 있는 돈은 적었지만, 예수님은 부자의 헌금보다 마음으로 드리는 적은 헌금을 더 높이 평가하신다 했다. 부처님도 역시 궁핍한 자가 밝힌 소박한 등을 더 아끼셨다. 빈자일등貧者一燈. 가진 돈 전부를 내놓을 수 있어 오히려 감사했다.

어느 날, 청도 사는 친구로부터 연락이 왔다. 참한 아가씨가 있는데 우리 아들에게 소개해 주고 싶다고 한다. 십 년 전 큰아들이 장가가고 성격 좋은 둘째도 금방 갈 줄 알았는데 이때껏 짝을 찾지 못했다. 처녀의 프로필 사진이 왔다. 선하고 차분한 미소가 예뻤다. 그녀는 친구가 다니는 교회에서 피아노 반주자로 봉사하고 있었다.

'하나님의 뜻'을 많이 이야기한다. 당장은 힘들어도 기다리면 역사가 이루어진다고 하는가. 그곳에서 기도했을 때 특별히 아들의 혼인에 대해 기도하지 않았다. 하나님께 다시 기도할 수 있음에 감사했을 뿐이다. 그런데도 그분은 말하지 않은 나의 소망을 이미 알고 계신 것 같다. 그 교회에서 제일 고운 처녀를 아들의 반려자로 보내 주신 것이다.

  물론 그 과정에는 나의 삼십 년 지기가 있다. 어쩌다 청도에 귀촌하여 살다가 이제는 아예 주민등록주소까지 옮겼다. 늘 베풀고 사는 친구는 깊은 신앙심은 물론 교우들과의 신뢰도 두터웠다. 그러기에 그 처녀도 믿고 따르지 않았을까. 모든 것이 예정되어 있었던 것처럼 잘 맞아 들어갔다.

  신앙 생활할 때 몇몇 교인들이 기도에 대한 응답을 받았다고들 했다. 나는 그런 경험이 없었기에 기대조차 하지 않았었다. 그런데 발걸음을 끊은 지 십수 년 만에 우연히 방문한 교회에서 마음에 이끌려 기도한, 사심 없는 마음을 하나님께서 들어 주신 것이다.

  사람들은 상대를 설득하기 위해 자기의 생각과 입장을 끊임없이 말로 전한다. 듣는이는 중언부언하는 것보다 진심이 담긴 마음결을 느낄 때 그 사람을 도와주고 싶어 한다. 신의 마음도 인간의 마음과 같다고 본다. 때론 말을 멈추고 묵묵히 뒤로 물러나 보라. 말을 줄이면 내면이 더 크게 열린다. 자아의 깊이가 달라지고 자신을 성찰하게 된다. 인간의 언어로는 통하지 않는 침묵의 언어만이 하늘에 닿는다.

  산에 가면 사찰 앞에 발걸음을 멈추고 대웅전의 부처님께 절을 한다. 인연 따라 여기까지 왔다며 무작정 엎드린다. 초파일에는 개인적인 소원보다 부처님 오셔서 세상을 밝혀 달라고 등을 단다. 어느 분의 신력이 더 센지 모르겠다. 아마 두 분의 협력이 빛을 발하지 않았을까.

  부엌에서 올리는 할머니의 비손이든, 돌탑 앞 나그네의 기원이든, 입에서 나오는 습관적인 말보다 마음에서 마음으로 전하는 소망이 하늘에 닿는다. 때론 말하지 않아도 그분들은 우리의 부족함을 아신다. 그리고 이루어 주심을 믿어 의심치 않는다.

1011번 인연

버스가 두세 정거장 지난 후, 해운대역 정류장에서 탑승한 승객이 내 옆 빈자리에 앉는다. 버스가 곧장 광안대교 위를 달리기 시작하자 바다 위로 건너온 쨍한 햇살이 화살처럼 눈에 꽂힌다. 손 그늘을 만든다. 옆자리 승객도 눈이 부신 듯 모자의 챙을 잠시 내린다. 창밖에 펼쳐진 청록빛 바다를 지긋이 바라보며 그녀가 입을 연다.

"바다가 정말 멋져요"

솜사탕처럼 부푼 흰 구름이 수평선을 수놓은 경치를 보며 말을 건넨다. 서울이 고향이라는 그녀는 미국으로 이민 가서 한동안 귀국하지 못하다가 이제야 여유가 생겨 두세 번 방문했다 한다. 부산 여행은 처음이라는 그녀는 얼추 나와 비슷해 보이는 연배다. 도시가 깨끗하고 사람들도 편안해 보인다며 호감을 보인다. 한국은 올 때마다 풍광이 바뀌는 것 같다며 고국의 발전이 뿌듯한 듯 이야기를 이어 나간다.

자신이 사는 대서양 앞바다는 왠지 거칠고 투박한 느낌을 주지만 한국의 바다는 포근한 느낌이 든단다. 그녀의 말에 고향 바다이기에 더 따뜻하게 보일 수 있을 거라 했더니 고개를 끄덕인다. 오랜 세월 외국에 살았어도 고향의 정취는 기억 속에서 흐려지지 않는 것이다.

그녀는 감천 문화마을에 간다고 한다. 부산 사람들은 낙후된 언덕배기 마을에 대한 호불호가 극명하게 갈린다. 피난민과 가난의 상처가 고스란히 남아있는 그곳은 내 어릴 적 산동네의 다닥다닥 붙어있던 판자촌을 연상시킨다. 어쩌면 숨기고 픈 상처와 약점이 되련만 그곳을 재해석하고 되살려서 명소로 거듭났다. 이제 그곳은 외지인이 찾는 부산의 인기 코스이며 내국인 보다 외국인이 더 많이 찾고 있다. 옛것에 대한 향수와 뉴트로의 감성이 그들 마음을 움직이는가 보다.

혼자서 부산의 여러 곳을 여행 중인 그녀에게 황령산 정상에 있는 봉수대를 추천했다. 야경이 아름답고 바다와 산을 끼고 있는 항구도시 부산을 두루 볼 수 있는 적격지다. 그곳은 개인 차량이 없으면 접근이 어려운 곳이지만 상황이 허락되면

꼭 들러 보기를 권했다.

　내릴 정류장이 가까워지자 그녀에게 내 메일을 건네줄까 생각도 해보았지만, 그동안 이어 온 인연을 정리하기도 바쁜 나이다. 그녀도 같은 생각을 했을까. 얼굴에 망설임이 스쳐 지나간다. '인연이 있으면 다시 만나겠지' 생각하며 그녀보다 한 정거장 먼저 자리에서 일어났다. 잠깐의 인연이지만 십년지기처럼 정담 나눈 그녀에게 여행 잘하시라는 말을 남기고 버스에서 내렸다.

　삼사십 분 같이 앉아서 이런저런 얘기로 정담을 나누었다. 삶의 모습은 달랐어도 생각과 시각이 비슷하다는 느낌을 받았다. 짧다면 짧은 여행이었지만, 그녀와 나는 아무래도 한두 번 만난 인연이 아닌 듯 낯설지 않았다. 전생에 오래되고 묵은 사이였지 싶다. 몇백 번도 아닌 1000번 이상 스치는 인연이 쌓여 만나진 것이리라.

　그녀를 만난 건 1011번 버스 안이었다.

2부
땅의 옷

석화원石花苑
노을이 잠긴 호수
아란야의 숲
너겁
땅의 옷
여음의 기억
반려진주 이야기
32분 07초
루브르의 별

석화원 石花苑

"또르르…. 똑…."

한번 울리는 소리에 만년이 다져진다. 자신의 존재를 소리로만 전할 뿐, 형체는 보여주지 않는다. 오로지 떨어지는 물 한 방울로 어두컴컴한 동굴에서 자신을 알린다. 인고의 시간을 먹고 먹으며 그 연 후엔 면벽 수행하는 수도자처럼 깊은 침묵을 지킨다.

기도가 하늘에 닿는다면 물방울은 천정으로 모인다. 송골송골 맺힌 물이 지하공간을 울리며 자기 몸을 내림 공양한다. 인당수에 몸을 던지듯 비장하고 농부가 흘리는 땀방울처럼 간절하다. 물이 떨어진 자리에서 싹이 움트고 마침내 꽃나무의 형상을 얻는다. 햇빛 없는 지하 정원 깊숙한 곳에서 스스로 피어

나는 생명이 된다. 이것을 사람들은 종유석이라 한다.

불덩어리가 식어가고 땅이 모양을 갖추는 수 억 년 전. 심원에서 발원한 한 줄 물길이 대지에 스며들어 흐르기 시작했다. 천川을 따라 굽이 돌다가 후미진 동굴을 만난다. 오랜 여정 끝에 다다른 고요한 안식처, 잠시 쉬어가기로 작정한 그곳에 옥수玉水의 흔적을 남긴다. 꽃 이파리 낙화하듯, 낙엽 한 잎 떨어지듯. 물방울 뚝뚝 메아리친다. 그래서 더욱 신비롭고 고적하다.

불영계곡 골짝에서 시작된 왕피천을 찾아갔다. 지하 동굴 깊숙이 스며든 물이 이슬땀처럼 천정에 맺혔다가 떨어지는 곳이다. 석회암 동굴에 떨어진 물은 서서히 응고되어 종유석이 되고 바닥에 쌓인 낙숫물은 눈에 뜨이지 않게 올라 석순이 되고 있었다. 그렇게 한 겹 내리고 한 겹 끌어 올린 끝에 이루어진 단단한 석주 동굴은 성류굴이라는 이름으로 그곳에 있다.

동굴 속을 지나다 보면 몸을 붙여 빠져나와야 할 구간을 만난다. 통로는 어둡고 바닥은 울퉁불퉁하여 간신히 지날 수 있다. 희미한 조명에 눈길이 익숙해지면 자연이 창조한 지하 절경이 조심스레 펼쳐진다. 담홍색 장미석영과 회갈색 석암 등 칠흑 어둠에 묻혔던 원시 정원이다. 선비의 정자처럼 단정한 모양도 있고 오색 찬란한 여인의 치마폭처럼 화려한 길도 있다. 좌우 살피며 지나가니 매번 새로운 풍경이 이어 나온다.

거대한 탑 군락을 만난다. 물이 떨어지고 굳어져서 이루어진 꽃탑은 소원이 저마다 다르듯 형상이 제각각이다. 우뚝 솟은 것도 있고 피사의 사탑처럼 비스듬한 모양도 있다. 기묘한 돌기둥은 지금이라도 물로 되살아나 흘러내릴 것 같고 종탑 모양의 석회암에서는 은은한 종소리가 들리는듯하다. 물의 둥치에 손을 대는 순간, 손끝에 전해지는 감촉이 초근하다. 동적인 몸체는 힘찬 기개를 품어야 살아남는 법. 음양의 조화처럼 빼어난 골기와 짙은 관능으로 매끄럽고 탄탄하다.

동굴 안에는 크고 작은 못이 있다. 어둠에 묻혀 깊이를 눈으로 가늠할 수 없지만, 그 속에서도 분명 생명이 살아 숨 쉬고 있을 것이다. 물결이 조용히 뒤척인다. 수면 가까이에 잿빛 물고기 서너 마리가 천천히 유영하고 있다. 지하 정원을 지키는 파수꾼처럼. 저 물고기는 어둠 속에서 산다. 아마도 빛을 잃은 눈 대신 비늘 하나하나가 촉수로 진화하지 않았을까. 못은 고요 속으로 떨어지는 물터의 파문을 그리며 하루를 보내고 있다.

낙수와 어둠을 먹고 자라는 돌꽃은 겉모양은 다를지라도 줄기는 하나이며 맥을 이어주는 굳건한 생명체다. 세월을 담고 떨어지는 물 한 방울은 수억 년이 지나도 조금도 변하지 않았다. 모든 것을 화음花音으로 품는다. 자연이 주는 이치를 거스르지 않는다. 석주에 귀를 기울인다. 높고 맑은소리와 낮고 굵직한 소리가 발현한다. 흘러가는 시간과 묵묵히 서 있는 돌기둥이 진심을 나누고 있다. 음이 되고 색이 되어 벅찬 가슴으로 석화石花가 피어난다.

내 마음도 가만히 두들겨 본다. 탁류처럼 굽이굽이 휘어진 세월이지만 언젠가는 바람과 어우러져 맑은 풍령 소리를 울렸으면 한다. 하고픈 말도 굳히고 다독이면 천년에 한 번 울리는 깨끗한 공명을 가질까. 어둠의 적막을 깨뜨리는 이슬방울 같은 맑은 여운을 가질까. 그런 마음이 스쳐 지나가자 석주에 맺혀있던 물 꽃송이가 잎을 움직인다. 마음이 열릴 때마다 석화가 피고, 석화가 피면 언약이 맺힐 것이다.

누구에게나 간직하고자 하는 것이 있고 벗어나고픈 것이 있다. 간직하고 싶다고 담아지는 것이 아니며 벗어난다고 없어지는 것도 아니다. 담든, 지워내든, 흔적은 석화처럼 고스란히 남는다. 그 경험과 감성의 씨앗이 돋아나고 부풀어 마침내 '나'가 만들어진다. 누구에게나 '나'는 어둠 속에서 영글어 가는 하나의 물방울, 하나의 꽃이다. 동굴에 떨어지는 한 방울 물이 화원을 이루듯.

낙화유수란 말이 있다. 꽃은 떨어지고 물은 아래로 흘러내리는 선견을 지칭하는 말이다. 그러나 여기 억년 동굴 속에서는 하나하나의 물방울이 모여 거대한 돌꽃을 만들어 낸다. 물이 떨어져 이루어 내는 화문花紋의 세계, 오직 어둠 속에서만 피워 올리는 돌꽃 무리. 성류굴 낙숫물이 돌을 쌓아 세월의 문양을 만들어 가고 있다.

  석화원石花苑에는 지금도 물방울이 씨를 뿌린다.

노을이 잠긴 호수

 겨울 산이 명경같은 물 위에 제 그림자를 그린다. 봄을 재촉하는 잔 비가 다녀간 뒤, 바람이 안개를 몰고 다니며 이리저리 풍경을 바꾼다. 물오리 떼가 줄지어 지나가자 잠겨 있던 산 그림자가 곱게 흩어진다. 연무는 산간을 넘 노닐며 한가로이 머리를 푼다. 긴장된 하루 동안 닫혔던 마음의 빗장도 스르르 풀려 진다. 천川따라 내려온 물길을 담은 호수 위에는 노을빛이 물살 위에 아른거린다.
 호반에 있는 카페로 들어갔다. 해는 서산으로 기울어 가고 하늘은 호수를 거울삼아 붉은 화장을 시작한다. 주문한 차와 함께 케이크 한 조각을 서비스하는 주인의 손길이 정겹다. 김이 아물아물 오르는 얼그레이는 봄을 미리 알려주는 아지랑이처럼 피어오른다. 추위에 긴장한 시선이 푸근해진다.

　카페 한쪽 벽에 어슷하게 꽂혀 있는 책들. 초로의 손님이 호수가 보이는 창가에 수굿이 앉아 책을 읽고 있다. 은빛 머리카락 위에는 석양에 취한 옅은 겨울빛이 물 들어 있다. 그 모습이 천천히 가라앉는 하루해와 조화를 이룬다. 노을과 독서. 저물어 가는 나이와 겨울빛이 풍경으로 동화된다.

　물가에 내려선다. 느리게 흐르는 호수 위로 저녁 빛이 슬며시 다가온다. 산줄기에서 된바람이 불어오자 머리카락이 흐트러져 이리저리 날린다. 가을 내내 힘찬 줄기를 자랑하던 강풀들도 앙상해진 허리로 휘청이고 있다. 실 눈뜨고 바라보니 나를 마구 흔들던 바람은 나목 위에 맴돌고 있다.

　천천히 걸어 본다. 물가에는 움직임이 없지만, 호수 중심에는 심장이 살아 숨 쉬듯 물살이 붉게 흔들린다. 누가 물빛이 푸르다고만 하는가. 하루의 모든 빛을 담은 호수는 황금색이다. 물에 젖은 노을은 그날을 성찰하는 진정한 빛, 그 속에 만상이 모여있다. 지나가는 새들의 수고로운 날갯짓이 잠겨 있고 물가에 서 있는 이름 모를 풀들의 미소가 스며있고 온종일 불태운 태양의 열정이 녹아있다. 어디 자연뿐이랴. 물빛을 바라보는 사람들의 잔잔한 시선도 잠겨 있다.

　어둠살이 내린다. 농익은 황혼은 언제나 빨리 사라진다. 서

쪽으로 기울던 겨울 산하가 수묵화로 바뀌면 하루는 휴식의 시간에 접어든다. 휴식이라는 말을 써 본 지가 언제였던가. 쳇바퀴 돌 듯 반복되는 시간 속에 무디어진 감정들. 전장의 말처럼 목숨 걸고 달려 온 길이다. 돌아보니 영광의 순간도 황혼처럼 짧았다.

  노을을 붙잡는다. 빛도 힘을 잃어 사라져버리고 빈손 위에는 잿빛 추억 한 줌만 남는다. 아쉬운 마음에 하루를 담았던 호수 위로 시선을 보낸다. 태양은 물 위로 다시 붉은 날개를 펼치겠지만 나는 분명 내일 이곳에 없다. 찬란한 것은 있어도 영원한 것은 없다.

  호수는 빛을 버리고 검은 사제복을 입은 수도자처럼 담담히 서 있다.

아란야의 숲

　병풍처럼 펼쳐져 있다. 녹綠이 마구 붓질해 놓은 듯 겨울에도 청청하다. 우거진 소나무 사이로 천천히 걸어간다. 무사들이 주군을 위해 지키고 있듯 해송이 해안을 지키고 서 있다. 격랑의 바다를 향해 길게 도열한 나무군락이 푸른 수평선을 결연히 바라보고 있다.
　쌀가루처럼 부드러운 해안이 끝없이 펼쳐진 동해안 울진. 발밑에서 은빛 모래가 곱게 날린다. 해수면에는 희끗희끗한 물비늘이 바람을 등지고 몸을 뒤적이고 있다. 험한 파도를 몰고 대양을 건너온 파도는 종착지인 백사장에 긴 한숨을 토하며 주저앉는다.
　신선이 소나무 위를 날아다녔다는 월송정에 올라섰다. 관동

팔경 중 하나인 그곳은 산수 풍월이 어우러진 곳이며 일출과 월출 명소로도 이름난 곳이다. 띠처럼 이어진 송림은 바다 조망을 위해 누각 앞에서 잠시 끊어져 있다. 정자를 에워싼 솔숲 앞으로 검푸른 동해가 펼쳐지고 단청을 입힌 기둥 사이로 거친 바닷바람이 마구 쏟아져 들어온다.

  월송정 숲으로 발걸음을 옮긴다. 이른 시각이라 인적이 없다. 우듬지에서는 바람 소리 가파르다. 마른 초리는 야수의 손톱이 하늘을 할퀴듯 거칠게 흔들리지만, 방풍림 사이로 난 오솔길은 바깥세상과 다르게 한없이 평온하다. 키 큰 곰솔은 갈라진 표피를 붉게 물들이고 그 아래에는 한 뼘 크기의 어린 솔들이 옹기종기 서 있다.

  편안한 데크를 버리고 두름길로 내려서서 이리저리 걸어본다. 발밑에는 마른 잎들이 갈색으로 변해있고 두껍게 깔린 솔가리는 보료를 깐 것처럼 폭신하다. 숲이 품어주는 아늑함에 마음이 편안해진다. 세상 풍파로부터 보호받고 있다는 느낌에 복닥대던 기분이 차분히 가라앉는다. 누군가가 나를 지켜준다면 저 송림처럼 든든하기를 바란다. 마음의 바람막이를 위해 숲을 찾아 나선다.

  나를 지켜주는 방풍림은 무엇일까. 모진 바람에도 흔들림 없이 걸어가게 하는 것은 무엇인가. 남 앞에 나설 때 조금이라도 돋보이게 하는 외모 치장인가. 아니면 누구와의 대화에도 꿀리지 않는 유려한 언변인가. 그것보다 누가 밥을 사면 다음에는 내가 대접할 수 있는 적당한 머니money인지. 물질로는 해갈되지 못하는 정서가 광풍처럼 요동친다.

바람처럼 지나가면 그뿐인 것을 참지 못했다. 집착이 나를 덮고 질투가 나를 묶었다. 늘 쫓기듯 긴장하고 초조했다. 놓아버리면 될 것을 놓지 못했다. 목이 좁은 항아리 속에 주먹을 움켜쥐고 빼지 못하는 신세다. 놓으면 손이 빠지는 줄 알지만, 눈앞의 욕심 때문에 갈피를 잡지 못한다. 두려움과 불신의 늪에서 허우적거렸다. 뭉크의《절규》처럼 소리조차 내지르지 못하고 험한 세상으로부터 귀를 틀어막는 사람이 어디 나 뿐이겠는가.

숲길을 걸어본다. 이리 가도 저리 가도 길이 험하다. 돌부리가 나오고 웅덩이가 가로막는다. 오금드리 덤불이 발목을 잡고, 가시넝쿨이 앞을 막아도 헤치고 나와야 한다. 힘들지만 자꾸 걷다 보면 길은 다듬어지고 쉴 수 있는 의자도 찾아내고 거친 바람 소리도 정겹게 들린다. 번잡한 마음을 바꾸니 생각이 여물어진다. 그곳이 나를 돌아볼 수 있는 아란야다.

아란야는 한적한 수행처라는 뜻이다. 세상과 인연을 멀리하고 시간과 생각을 정리할 수 있는 곳, 그곳을 찾아 잡다한 소음에서 벗어나 마음을 가라앉힌다. 마음을 가라앉히는 곳이면 어디든 아란야다. 그곳에 머물며 생각을 깊이 들여다보고 상처 난 곳을 치유하고 회복한다. 마침내 자신만의 오롯한 처소가 만들어진다.

시인이자 수필가인 헨리 데이비드 소로는 월든 호숫가의 오두막에 살면서 자연과 교감하며 자연답게 살아가는 삶을 지향했다. 그리고 가슴에 품은 이야기를 전한다. '나는 내 안에 숲을 가지고 있다.' 최소한 필요한 것만으로 생활하며 정신적 풍요를 선택한 그는 꿈꾸던 아란야를 찾은 것이 아닐까.

나를 돌아보고 마음 쉴 곳을 만들어야 정신세계가 텅 비어가지 않는다. 월송정이 저 멀리 보이는 숲속을 걸어 본다. 시선을 낮추고 심호흡한다. 엉긴 가지 사이로 부신 햇살이 은실처럼 비쳐오고, 이름 모를 꽃들이 조용히 반겨주며 개울에는 맑은 물소리가 요량하게 들리는 곳. 지금 이곳은 한 사람만이 알고 그 사람만이 만들어 가는 길. 영혼의 숨터다.

마음의 숲은 언제나 한적하고 잔잔하다. 타인을 향한 생각을 비우고 자신만을 바라본다. 바람이 지나가도 동요가 일어나지 않는 곳이다. 눅눅한 심중을 부드럽게 말려 주며 탁했던 심적 세계가 여유로운 감정으로 정화된다. 심상 한 곳에 수행처가 만들어진다.

숲을 만나면 어디서든 숲이 내어 준 길을 걷는다. 숲이 허락한 길을 따른다. 나를 달래고 내려놓으니 수선스럽던 날과 달리 마음이 잔잔하다. 가만히 멈추고 뒤돌아보니 괜히 서두르며 다녔던 것 같다. 발걸음을 늦추니 한결 편하다. 그땐 왜 이것을 몰랐을까…. 바쁜 것도 없으니 한 걸음 한 걸음 천천히 내디딘다.

호젓한 아침. 동녘은 기세 있게 차오르고 파도는 조용히 반짝인다. 하늘에는 새 한 마리가 기류를 타고 천천히 날다가 멈칫 제자리에 머문다. 미물도 가야 할 곳과 멈추어야 할 때를 알고 있는 듯하다. 이윽고 천천히 원을 그리며 바다 풍경에서 멀어져 간다.

겨울의 중간. 한적한 솔향이 마음을 이끈다. 고요함에 젖은 몸을 멈추고, 마음을 낮춘다. 오가는 이 없는 적요. 이 자리가 아란야의 숲이다.

너겁

　물 위에 잎들이 모여있다. 떨어진 잎사귀가 바람에 쫓겨 땅 위를 구르다가 구석진 웅덩이에 앉은 것이다. 돌 틈 사이에 떠 있는 낙엽은 물에 흠뻑 젖어 색깔은 바래지고 몸은 무거워져 떠날 줄을 모른다. 애당초 누구의 눈길도 받지 못하는 그곳은 그늘이 켜켜이 쌓여있고 작은 파문조차 일지 않는다.
　칙칙하게 변해 버린 탓에 잎은 시선을 끌지 못한 지 오래다. 향기는 오래전에 눅눅한 냄새로 달라져 버렸다. 달빛 머무는 창가에 내려앉았다면 고왔을 가랑잎. 부서진 돌담 위에 앉았더라도 애잔한 시선을 받았을 마른 잎. 물 위의 낙엽인들 화려한 기억도, 가슴 수다한 시절도 없었겠냐 만은 모두 헛된 꿈이다. 부초가 되어버렸다.

바람이 데려다준 웅덩이에는 먼저와 기다리는 잎들이 있다. 그들도 한때 작열하던 젊음이 있었지만 빛나던 청춘은 먼 불빛이 되었다. 회귀의 열망은 사라지고 이국땅에 잡혀 온 볼모처럼 숨죽여 세월만 보내고 있다. 오가지도 못하는 신세가 오죽하랴. 아라홍련 같은 환생의 기대도 아스라이 사라졌다.

산에 올랐다. 산세가 수려하고 경사가 완만하여 걷기에 좋다. 이미 녹음방초가 힘을 잃고 붉은 단풍이 일기 시작한 곳이다. 혈기 좋은 나뭇잎은 다투어 색을 갈아입지만 허약한 이파리는 천천히 낙향한다. 일찌감치 나무와 이별한 잎들은 둥치 주변에 서성이다 바람 따라 흩어져 간다. 더러는 발길에 부스러지고 더러는 부지런한 행자 스님의 비질에 길가 한갓진 곳으로 몰려 무덤처럼 쌓여있다.

사찰 옆길로 발걸음을 옮겼다. 계곡이 아름답기로 소문 난 곳이지만 여름 가뭄으로 물줄기는 생각 이상으로 빈약하다. 작은 소沼에는 푸른 하늘이 고여 있고 포개진 바위틈 밑에는 물길이 멈추어 있다. 긴 여정에 겨워 잠시 쉬고 있는지, 스쳐 지나간 사랑을 하염없이 기다리고 있는 건지, 요지부동 움직이지 않는 수초 더미에 내 시선이 멈추었다.

온갖 사연을 안고 모여있는 너겁. 바람이 불면 잠시 뒤척이다 말고, 거센 비가 다녀가면 서로를 껴안는다. 아침이면 지난

날의 그리움은 연기처럼 사라져 버리고 밤이 오면 다시 이슬이 되어 돌 틈 사이로 내리는 사연. 버려진 듯 무심한 이파리는 흘러가는 구름만 바라보고 있다.

해묵은 기억 속의 내가 너겁으로 떠 있다. 떠나보내지 못하는 사연들이 둥둥 엉켜 질척대고 있다. 삶이 뜻대로 되는 것은 아니라지만, 소망마저 이루지 못한 세월이 공허하다. 남은 것은 빛바랜 상처와 통증뿐. 떠나보내지 못한 감정이 게으른 소처럼 엎드려 있다.

쫓기듯 달려온 세월을 잠시 멈추고 생각에 잠긴다. 돌아보니 미련이고 붙잡고 보니 집착이다. 그 한 줌을 수면에 바짝 붙은 너겁처럼 움켜쥐고 있다. 그때 내가 좀 더 냉정했더라면, 조금 더 빨리 생각을 바꿨다면…. 가슴 한구석에 차지한 각가지 변명과 후회가 떠날 줄을 모른다. 둔탁한 생각이 누름돌로 눌려 있으니 자신에 대한 확신마저 꿈쩍하지 못한다.

너겁은 물 위에 몰려 있는 검불이다. 멈춰 있던 하나의 잎이 다른 잎을 끌어당기고 이것이 다시 다른 잎을 끌어당겨 마침내 물길이 불어도 함께 엉겨있다. 집념이나 망상이 모여 떼지 못한 아집이 되는 건 너겁과 마찬가지다. 작은 것부터 떼야 한다. 주변 것부터 없애야 한다. 버려야 할 것은 훌훌 털어버리고 한 손에 쥐어야 할 것은 마지막 자존심처럼 지켜야 한다.

어쩌면 너겁은 정화淨化의 과정을 묵묵히 견디고 있는 건 아닐까. 매미도 수년을 견디고 기다린 끝에 우화羽化한다. 때를 기다리는 자는 자신을 믿고 숨죽여 세월을 감내한다. 희망은 어둠 속일수록 빛을 주지만 뼛속까지 사무치는 고독도 뒤따른다. 흔들리지 않는 감성으로 기다릴 때 비로소 자유를 찾을 수 있다.

너겁처럼 멈추거나 이슬처럼 맺혀있는 시간은 어디에든 있다. 어떤 사람은 무시로 떠오르는 기억을 가슴 응어리로 담고, 어떤 사람은 가벼운 바람으로 여기기도 한다. 누구에게나 열정의 시간과 고단의 세월이 있다. 힘들었던 옛일은 성곽처럼 쌓아가는 게 아니라 파도에 쓸리는 모래톱처럼 조금씩 지워가는 것이다.

순간, 너겁이 골바람을 타고 외진 돌 틈에서 빠져나온다. 비바람에도 꿈쩍하지 않던 수초 더미가 먹구름 흩어지듯 낱낱이 풀어져서 계곡물 사이로 흘러든다. 물살을 타고 떠내려가다가 순식간에 사라진다. 갑자기 무거운 짐에서 벗어나는 기분이 들었다. 삶은 마음 먹기 달린 것. 비우고 견뎌내며 바람같이 흐르는 것이 인생사다.

발걸음을 옮긴다. 이끼 낀 너럭바위는 햇살 따라 명암을 바꾸고 개울 길 따라 나목처럼 널브러졌던 내 감정이 바람에 날려 골짜기를 타고 구른다. 주변을 맴돌던 산새는 녹황색 구릉을 넘어가고 물소리는 메마른 가슴을 시나브로 적신다. 흐르는 세월 따라 흐르는 물길 따라 여기까지 왔다. 내 묵은 기억들이 너겁처럼 잠시 머물다 사라질 것이다.

땅의 옷

　처마 밑으로 섣달의 볕이 들어온다. 입춘을 앞둔 대청 위로 은근한 온기가 모이고 우물마루 틈 사이로 흙내가 구성지다. 세월의 냄새다. 낮은 담장 너머로 보이는 들녘은 겨울을 보내면서 조금씩 깨어나는 중이다. 아직 찬 기운을 머금고 있는 서원 기둥은 옛 모습을 간직한 채 아이들로 떠들썩했던 저 먼 봄날을 추억한다.

　이리저리 굽은 소나무는 대문을 호위하듯 줄지어 시립하고 있다. 번성했던 마을은 가버렸지만, 담장에 얹힌 기와 한 조각마저 여전히 위엄을 잃지 않는 곳. 그때처럼 지금도 꼿꼿한 선비의 기운이 간직되어 있다. 봄이 오면 여린 잎이 푸르러지고 여름이면 배롱나무꽃이 붉게 피지만 그날의 아이들은 오래전 넓은 세상으로 나갔다. 서원에는 오래된 차나무만 고요를 지키고 있다.

밀양 혜산서원은 조선 영조 29년 격재 손 조서에 의해 창건되었다. 고종 5년 서원 철폐령으로 훼철되었다가 후손들이 중건하였다. 일직 손씨 집안이 세운 서원은 그 마을에 뿌리내린 사람들의 교육열과 지적 유산을 엿볼 수 있다. 차향 가득한 서원의 햇살은 선비들의 시문과 여흥을 격조 있는 자리로 만들어 주었을 것이다.

남녀가 유별하던 시절이지만 추석이나 단오 등 명절에는 동네 여인들도 혜산서원과 담을 사이에 둔 다원 서당에 모였다. 낮은 담장 너머로 먹거리가 오가고 웃음이 전해지고 세월이 넘어갔다. 삶의 고달픔을 함께 나누는 공간으로 남과 여가 서로 존중하고 소통하며 전통을 이어왔다.

마을 어귀에는 산에서 내려오는 물길을 담은 못이 있다. 지금은 잡풀만 가득하지만, 당시 마을의 위세를 보여주는 크기다. 연못 중앙에 작은 섬도 만들어 음양오행을 제대로 갖추었다. 이곳에 뿌리내린 선조의 지성에 고개를 숙인다. 전통 가치를 유산으로 삼아 하늘의 이치를 거슬러질 않겠다는 마음이 참으로 존경스럽다.

아이들은 철없이 놀다가도 서원에 들어서면 약속이나 한 듯

말과 행동을 조심했다. 학문과 도덕이 주는 준엄한 기운에 스스로 질서를 갖추었다. 서재 좁은 방에 오글오글 앉아 스승님의 가르침에 따라 개구리 떼처럼 따라 읽으며 평생 기억해야 할 지식과 예의범절을 익혔다. 인고의 세월 속에 침묵으로 묻혔던 그 낭송은 잃어버린 도덕을 일깨우는 메아리가 되었다.

경제 재건의 슬로건 아래 사회가 발전하면서 획일적인 공교육이 시작되었다. 마을에 걸맞은 소신 교육, 특성화 교육이 사라졌다. 젊은이들은 도시로 나가고 혜산서원은 조용히 은퇴를 준비했다. 그곳을 지키던 어르신들도 세월의 미명 속으로 천천히 걸어 들어갔다.

마을 곳곳을 다니면 그때의 힘을 볼 수 있다. 아직도 느껴지는 굳건한 힘줄 같은 담벼락. 흙 마당에도 기운이 스며 있고 홀로 선 나무에서도 담대한 기개가 보인다. 마을을 감도는 실개천에는 선비의 청고함이 흐르고 뒷산에는 푸른 산줄기가 곧게 펼쳐져 있다. 묵향에 배어 진 검은 기왓장에도, 동맥처럼 이어진 황톳빛 골목에도 지고한 의식이 숨 쉬고 있다. 마을이 몇백 년 이어 오기가 그리 쉬운가. 학문도 사람살이와 동화되어야만 가능한 것이다.

살다 보면 누구에게나 흔들리는 순간이 온다. 미혹에 휘청이고 자신을 지켜낼 힘마저 약해질 때도 있다. 때로는 실수하고 때로는 허망하게 놓아버리기도 한다. 그럴수록 더욱 붙들어야 할 것이 있다. 쉽게 꺾이지 않는 끈기, 중심을 잃지 않는 기개. 그것은 정신을 지탱하는 뿌리가 되며 서원의 근본이기도 하다.

땅이 옷을 입는다. 몸 던져 살았던 흔적이다. 뜨거운 태양이 쏟아져도 비바람이 거칠게 몰아쳐도 그곳 사람들을 품어 준 땅이다. 기왓장에 엉긴 흙에 생명을 내린 잡초처럼 척박한 환경이 삶의 옷을 만들고 있다. 벌거벗은 땅에 뿌리를 내리고 뼈대를 만들어 자부심이라는 품격있는 옷을 입었다. 마을 구석구석에 남아있는 오래된 토석 담장을 보며 전통이란 무엇인가를 생각한다.

마을 뒷산 중턱에는 새로 지은 귀촌 사람들의 집들이 여기저기 서 있다. 형형색색 지붕이 과묵한 마을의 인상과 대조적이다. 문화란 변화를 거부하지 않고 어우러질 때 의미가 있다. 다양한 요구, 다채로운 시선이 공존하여야 제대로 땅이 숨 쉬는 마을이 된다. 결이 다른 정서와 이해가 서로에게 녹아 들어갈 때 땅은 새로운 옷을 입을 것이다.

마을을 지키는 노거수는 여전히 제자리에서 세월을 견디고 있다. 추운 겨울을 보내고 새로운 봄을 맞이하는 부활의 나무이기도 하다. 마을이 왕성하지 않다고 해서 서원이 저물어 간다고 볼 수 없다. 움직이지 않는다고 죽어 있지 않다. 세월이 흘러도 문화의 결을 따라 성지로 남은 서원. 그곳은 다음 세대에 물려 주어야 할 정신적 유산이다.

혜산서원이 수행자 같은 초연한 모습으로 마을을 지키고 있다. 옛일을 반추하며 땅의 숨소리를 묵묵히 담고 있다. 역사 속으로 사라지지만 그 뒷모습은 흘러간 과거가 아니다. 온고지신. 미래의 새 옷이 되어 시간 속에 호흡하는 명당이 되어 줄 것이다.

대청마루 뒤꼍에서 바람 한 점이 나직이 불어온다. 이 땅은 가벼이 이어져 온 것이 아님을 알려 주려는 듯.

여음의 기억

특별하고도 멋진 이벤트가 기억 속에 있다. 의미 없이 지나 갈 뻔했던 그 하루는 한 곡의 노래로 별빛 같은 순간이 되었다. 그때 추억은 사막처럼 건조한 감성을 어루만져 주는 감동 드라마의 한 장면 같았다.

고등학교 삼학년 늦은 가을이었다. 그날이 내 생일이었지만 아침 밥상에 미역국 대신 된장국이 올라와 있다. 입시생을 위해 터부를 지킨 것이다. 대학 시험이 코앞이라 생일마저도 변변하게 보내지 못했다. 하루하루를 극도의 긴장감으로 보내고 있는 반 친구들은 각자 입시 준비로 주변을 돌아볼 겨를이 없었다.

급우들은 모두 하교하고 우연히 성악 공부하는 친구와 둘이 남게 되었다. 얘기를 나누다 내 생일이라는 걸 알고는 즉석에서 축하 노래를 불러 주었다. 지금도 기억에 생생한 '거룩한 성(The holy city)'. 빈 교실에 울려 퍼지는 노래는 유명 프리마돈나의 소프라노보다 더 맑고 청아했다. 한 명의 가수와 한 명의 관객이지만 어떤 무대보다 가슴을 꽉 채우는, 나만을 위한 공연이었다.

감동은 오감으로 느끼는 불씨가 오래도록 타오르는 것이다. 석양을 받으며 무리 지어 흔들리는 갈대를 보면 '히브리 노예들의 합창'처럼 진한 울림이 온다. 수사자의 포효 같은 우렁찬 폭포 소리는 나약한 인간에게 주는 격려의 박수로 들려 가슴이 벅차오른다. 절벽에 병풍처럼 곧게 서 있는 바위는 전장을 지키는 장수를 보는 듯한 감정으로 가슴이 든든해짐을 느낀다.

수학자이자 음악가인 피타고라스는 우주에서 별들이 움직일 때 내는 소리를 천체 음악이라고 지칭했다. music of sphere. 다만 인간의 청력으로 소리를 들을 수 없을 뿐이라고 했다. 어쩌면 그것이야말로 만물을 창제한 후, 보기에 좋았더라고 말씀하신 조물주의 흥얼거림이 아니었을까. 만약 들을 수 있다면 그때 인간의 감탄은 어떻게 표현될까.

감동의 순간은 어느 곳에서도 있다. 아침 새소리에 눈뜨는 것도, 마른 가지에 움트는 여린 꽃망울을 지켜볼 때도 감동이다. 첫걸음마 하는 아기를 볼 때 감탄사가 나오고 힘들고 지칠 때 등을 토닥여 주는 손에는 울컥한 감정이 올라온다. 사람 따라 느낌이 다를 뿐, 그 울림은 심약한 영혼을 위로해 주는 신의 선물이다. 길고 긴 여음으로 사람의 마음을 성숙한 자아로 만들어 간다.

사람은 노래를 들으며 태어나고 노래를 들으며 세상과 작별한다. 뱃속 아기에게 들려주는 부드럽고 다정한 음악은 편안함과 정서적 안정감을 준다. 토닥이며 불러 주는 엄마의 자장가는 천상의 선율이 되어 오래도록 기억에 남아 있을 것이다. 상여를 메고 가는 상두꾼의 만가輓歌나 영원한 안식을 위한 진혼곡은 죽은 자뿐 아니라 남겨진 자들의 슬픔도 위로한다.

음악이 주는 감흥은 크다. 비 오는 날 듣는 나직한 노래 한 곡은 촉촉한 감성을 한층 적셔 준다. 시가 절로 나오고 한 잔의 술을 부른다. 금메달 딴 후 듣는 애국가는 고된 훈련과 자기와의 싸움에서 이겨낸 값진 결실이라 더더욱 심금을 울린다. 눈물 흘리는 선수를 보며 코끝이 찡해오는 동질감을 느낀다.

살다 보면 삶이 온통 실망스럽고 우울한 순간이 많다는 생각이 든다. 즐거웠던 시간과 기쁨의 순간이 있건만 사람들은 힘든 시간에 오는 스트레스를 너무 의식하여 우울한 시절이 많다고 느낀다. 돌아보면 희로애락 모든 것이 인생의 선물이다. 살아 있음에 모든 감정을 경험하고 누린다. 여기 이 자리에 있음이 바로 감동의 시간이다.

평생 간직할 감동이 있다는 것은 참으로 행복한 일이다. 무형이든 유형이든. 기억 속에 존재한다는 것만으로도 축복이다.

다붓다붓 피어난 해사한 봄꽃 보듯 음률이 주는 감동을 즐겨보자. 영혼의 안식을 위한 서정적 서사로 기억되길 바라면서….

반려진주 이야기

 애지중지하던 목걸이 줄이 끊어졌다. 진주와 금속 고리 이음새에서 줄이 약해진 것이다. 직접 수리해 보기로 마음먹었으나 어떻게 고쳐야 할지 막막하다. 일단 고리와 진주알을 조심조심 분해하며 작업을 시작한다. 손이 닿지 않았던 구슬 안쪽을 수건으로 꼼꼼히 닦으니 반들반들 제 기운을 차리는 것 같다. 얇으면서도 질긴 줄로 진주의 심장을 향해 심혈을 기울여 꿰어 준다. 마치 불교 신자의 염주 구슬 만들듯 정성을 쏟는다.
 우연히 맘에 들어 사들인 목걸이다. 특별한 날이나 기념으로 받은 선물은 아니지만, 우윳빛 영롱한 자태를 뽐내는 맵시에 늘 만족했다. 나와 오랜 세월 동고동락한 인연으로 쉽게 버릴 수 없다. 거기에는 내 지나온 세월이 묻어있다. 중요한 자리에 참석하거나 마음을 가다듬고 싶은 특별한 순간도 함께 했다. 목에 얹혀서 기쁨과 슬픔도 같이 나누었다.

  사람도 나이가 들면 여러 곳이 고장 나기 마련이다. 집도 오래되면 리모델링하듯 고장 난 신체 부분은 고쳐가며 써야 한다. 평생 건강할 줄 알았는데 세월이 흐르니 쓸개에 돌이 쌓이고 대장에 용종이 생겼다. 오래된 목걸이처럼 건강이 점점 느슨해지고 윤기를 잃는다. 원래 몸으로 돌아갈 수 없지만, 쓸모 있을 정도로 고쳐 나가야 한다. 그래야 내 삶의 구슬도 반들거리지 않겠는가.

  생명체가 만들어 내는 유일한 보석인 진주. 몸에 침투한 이물질로부터 스스로 보호하려고 한 겹씩 감싸면서 만들어진 결정체이므로 탄생 자체가 고난이다. 진주를 눈물의 상징으로 표현하는 경우가 많으나 오히려 미네랄이나 피부를 곱게 유지 시켜 주는 물질이 많아 클레오파트라는 회춘의 묘약으로 썼다고 한다.

  옛날에 비해 흔해지기는 해도 그 신비로움은 여전하다. 고대 여러 나라에서는 풍요와 행운의 상징으로 인식되었으며 우리나라에서는 화관이나 족두리, 떨잠을 비롯한 머리꽂이 등에 다른 보석과 함께 장신구로 사용했다.

각종 보석으로 만들어진 장신구는 동서고금 신분의 상징이었다. 아름다움은 물론 지위와 위엄을 높여 준다. 이집트 피라미드뿐만 아니라 신라 왕릉에서도 각종 장식품과 보석이 발견되었다. 요즘은 장신구가 보편화되면서 격에 맞지 않은 그릇된 환상을 부추기기도 한다. 모파상의 《목걸이》에 나오는 여주인공은 단 한 순간 허영으로 젊은 시절을 빈곤과 찌든 삶의 구렁텅이로 빠진다.

장신구는 숨기고 싶은 내면을 가려주는 가면이다. 가면을 통해 나약한 자아를 감추고 남들보다 우월한 모습으로 보이려 한다. 시대가 발전할수록 경제적 가치에 의해 신분이 바뀌는 경우가 많다. 화려한 보석뿐 아니라 고급 차나 어마어마한 주택으로 자신을 장식하여 타인을 상대적 빈곤으로 내몰아 지배자처럼 행세하려 한다. 가끔 외적 치장으로 호화로운 생활을 하다가 뉴스의 사회면을 장식하며 나락으로 떨어지는 사람을 본다. 장신구로 돋보이게 하기 위해서인지, 치부를 은폐하기 위해서인지 다시 한번 생각해 볼 일이다.

무채색의 진주는 에메랄드처럼 화려하지도, 다이아몬드처럼 빛나지도 않지만 부드러운 미소를 품고 있으며 여느 보석보다 기품이 있다. 흑백 사진처럼 집중력과 호소력이 뛰어나며 구름 속에서도 몸을 비추는 보름달처럼 은밀하면서도 고혹

적이다. 다른 보석은 사람이 선택하지만, 진주는 스스로 사람을 선택하는 것 같다. 무생물이 아닌 살아있는 생명체에서 태어나서일까. 자존감을 가지고 있는 듯하다. 가치를 알아보는 자를 위한 자신만의 고집으로 영롱함을 결정한다.

  진주 귀걸이를 단 소녀가 있다. 네덜란드 화가 베르메르의 작품으로 북유럽의 모나리자로 불린다. 푸른 빛 두건을 머리에 두른 소녀는 호기심과 기대의 눈빛으로 뒤돌아보는 듯한 모습이다. 맑은 눈망울과 함께 진주에 비치는 빛의 순도가 나의 시선을 붙잡는다. 그 소녀처럼 설렘이 넘치던 찬란한 시절이 내게도 있었다. 지금은 오래된 진주처럼 빛을 잃어가지만, 꿋꿋이 나를 지키려 한다.

  진주는 사람의 심정을 읽는 것 같다. 슬픔의 눈물일 때는 위로의 말을 건네는 것 같고 기쁨의 눈물일 때는 감격의 포옹을 한다. 느낌에 따라 우울의 방울이 되기도 하고 환희의 결정체가 되기도 한다. 너무나 인간적인 모습으로 상처를 어루만져 주는 반려 구슬이 되었다. 보고 있으면 마음이 따뜻해진다.

  감색 원피스 위에 진주 목걸이를 두르고 거울 앞에 선다. 마음가짐이 달라져 보인다. 남자들이 넥타이를 매고 나설 때처럼 좀 더 정중하고, 품위 있는 말을 하려 애쓴다. 자신을 지키기 위해 한겹 한겹 덮은 진주처럼 불안과 열등감으로부터 지켜내기 위해 다짐하듯 서 있다. 진주가 어느 때 보다 맑게 빛난다.

32분 07초

"나마스테…. 안녕하세요."

 속삭이듯 낮은 목소리와 부드러운 피아노 선율이 설익은 아침 햇살을 포근히 깨운다. 몽롱한 수면의 여진을 물리치고 이불 속에서 빠져나온다. 창문 열고 신선한 아침 공기를 단전 깊이 들여 마신다. 정신이 맑아진다. 또 하루를 허락해준 신에게 감사하며 가부좌 자세를 취한다.

 동영상 속 요가 강사의 음성에 맞추어 천천히 몸을 펴고 오므리며 스트레칭부터 한다. 난이도가 낮은 것부터 점차 근육에 긴장을 주는 동작으로 이어진다. 모닝 요가다. 몸짓은 평이한 편이라 앉아서 하는 국민 체조 수준이다. 삼 십여 분의 시간이 하루 필요한 운동량으로 충분하지는 않지만 적잖은 도움은 되리라 애써 위안한다.

　벌써 오 년째다. 쓸개 제거 수술 후 규칙적이고 지속적인 운동의 필요성을 느꼈다. 일찍 집을 나서야 하거나 이유 없이 게으름이 날 때는 더러 빼먹지만 내 몸을 위한 보약이라 여기고 꾸준히 한다. 보약은 음식물로 섭취해야만 하는 것은 아니다. 건강식도 필요하지만, 자신에게 맞는 운동으로 몸과 정신을 가다듬는 것 또한 심리적 보약이라 생각한다.

　처음 요가를 시작할 때는 십오 분 정도의 프로그램을 보고 했다. 따라 하기 버거운 동작이 있는 것은 바꾸고, 시간도 차츰 늘리면서 지금 하는 요가로 정착한 것이다. 가끔은 몇 년 동안 반복하며 해왔던 동작을 어느 순간 놓치기도 한다. 일순간 낯설어지고, 집중하지 못한 건 다른 생각을 하고 있기 때문이다.

　익숙해지는 것. 자칫 대상의 중요성을 간과해 버리기 쉽다. 어떤 일이든 능숙하게 되면 방심하고 사고가 날 수 있다. 시작할 때는 온몸과 귀를 기울여 정성을 쏟지만, 시간이 지나면서 차츰 나태해지고 친숙하던 관계가 소홀해진다. 편안하던 대상이 일순간 멀어지기도 한다. 이때 해이한 감정을 털어버리고 자신과의 싸움을 받아들이는 굳은 의지가 필요하다. 다시 몸의 말에 귀를 연다.

긴장과 이완을 반복하며 끌리는 이성을 만났을 때처럼 요가 강사의 음성에 심혈을 기울인다. 이렇듯 진지하게 남의 의견을 잘 따라 했던 적이 있는지 돌아보니 기억에 가물거린다. 생각과 처지가 다르다고, 혹은 말하지 않으면 세상의 관심에서 멀어진 루저loser 취급당할까 봐 무던히도 내 주장을 폈다. 과잉 정보가 넘쳐나고 말이 씨가 되어 잡다한 일들이 꼬리에 꼬리를 물고 일어났다.

듣는다는 것. 자신의 의견을 줄이고 상대의 이야기에 귀 기울이면 소통의 새로운 세계를 경험할 수 있다. 언어적, 비언어적 교감으로 타인을 이해하고 공감하면 인격의 성숙 과정에 많은 영향을 준다.

들려준다는 것. 누군가에게 자신의 의지와 가치관을 전달하는 것이다. 여기에는 책임과 진실을 담고 있어야 한다. 혼탁한 사회일수록 사람들은 왜곡된 사건을 여과 없이 퍼 나르고, 선정적이며 자극적인 언어로 선동한다. 진실의 입은 무거울수록 가치가 있고, 듣는 귀 또한 솔로몬의 지혜 같은 명확한 판단력을 가져야 할 것이다.

요가를 하며 내 몸과 대화를 나눈다. 목을 젖히고 천천히 돌리면서 치우쳐진 편견의 균형을 맞추고 교만의 응어리를 풀어낸다. 두 팔 높이 올리고 잠시 숨을 멈추는 동안 참지 못하고 내뱉었던 말들이 누군가에게 상처가 되지 않았는지 돌아본다. 이마를 숙이고 몸을 엎드린다. 낮은 자세로 상대를 섬기고 머리를 조아릴 줄 아는 겸손을 배우라 한다. 다리와 가슴이 만나려면 오금과 아랫배의 고통이 오지만 맞닿을 때의 희열에 희생 없이는 보상도 없다는 것을 깨우친다.

요가는 몸의 균형뿐 아니라 정신의 균형도 맞추어야 한다. 구도의 세계로 찾아가는 수행자처럼 연마시키는 것이다. 구도에는 지름길이 없다. 무한반복과 고단함을 이겨내는 인내심만이 필요하다. 그것이 있어야 경지에 이를 수 있다.

그녀의 지시에 따라 몸을 구부린다. 허벅지 뒤쪽에 쨍쨍한 긴장감이 온다. 조금만 더 땅기기를 권한다. 순한 양처럼 기계속의 음성에 모든 에너지를 쏟는다. 자비하신 신의 음성을 믿고 따르는 듯 32분 07초 동안 충실한 신자가 된다. 이윽고, 낭랑한 목소리로 다정한 포상이 내린다.

"고생하셨습니다…. 나마스테."

루브르의 별

 그녀를 알현하는 역사적인 시간이 왔다. 내가 알현이라는 격식 있는 단어를 쓰는 건 오랜 시간 꿈꾸었던 실물 영접에 대한 기대가 컸기 때문이다. 몇 개의 전시실을 돌고 돌아 드디어 방탄유리 안에서 웃고 있는 그녀의 방으로 들어왔다.
 큰 방의 한 면을 독차지하고 있지만 상상했던 것보다 작다. 덩그러니 혼자 있어 더욱 왜소해 보인다. 앞으로 가려 해도 이미 자리 잡고 관람하는 체구 큰 서양 사람들이 요지부동이라 비집고 들어갈 틈이 없다. 가까이서 볼 수 있는 기회가 좀처럼 오지 않는다. 그림과 전쟁은 떨어져서 보는 것이 좋으나 너무 떨어져 있다. 루브르의 별이라 하지만 나에겐 하늘의 별처럼 멀게 느껴졌다.

모나리자. 16세기 피렌체 여성의 초상화다. 입가의 엷은 미소와 단아하면서 품위 있는 매무새, 모든 허물을 감싸 줄 것만 같은 눈빛은 아기 예수를 보살피는 성모 마리아를 연상시킨다. 루브르를 방문하는 대부분 사람은 모나리자를 보기 위함이라 하니 과히 별이라 해도 손색은 없다.

아무 장식 없는 평범한 여인이 예술의 대상이 되었다. 자연 풍경과 조화를 이루고 있는 그녀는 입술 꼬리를 살짝 올려 미소를 담아냈다. 중세 엄숙한 기독교 문화에서는 웃는 표정의 묘사는 금기였으며 세속의 인간이 웃고 있는 묘사는 더더욱 인정받기 힘들었다. 종교적 가치에만 허용되었던 미소는 보통 사람에게도 가능하다는 파격을 선보임으로써 드디어 그림 속에 인간이 감정을 지니기 시작했다.

레오나르도 다빈치의 명성과 함께 모델의 히스토리와 경계선을 덧칠하여 부드러운 느낌을 주는 스푸마토 기법. 동양화 느낌의 푸르스름한 풍경이 주는 신비감 등, 세상에서 가장 잘 알려진 시각적 이미지다. 많은 사람에게 사랑받는 모나리자는 흔히들 천 위에 그려진 것이라 착각하지만 실상은 포플러 나무 조각에 유화 물감으로 그려진 패널화이다.

가끔 시골에 가면 밤하늘을 본다. 어두울수록 영명하게 빛나는 별을 바라보며 먼 곳의 대상을 열망한다. 누군가의 별이 된다는 것은 걸어 온 길이 순탄하지 않다는 것을 말한다. 빛이 되는 것은 스스로 태우는 거다. 활활 타오르는 뜨거운 불에 태우든, 멈출 수 없는 열정에 자신의 모든 것을 태우든, 그 무엇이든, 희생을 통해 빛이 된다. 그런데도 많은 사람은 화려한 겉모양에만 열광한다.

별은 누구도 범접할 수 없는 자태를 지니고 있다. 쉽게 닿을 수 없기에 위엄이 있고 가벼이 만질 수 없기에 애가 탄다. 나는 누군가의 별이기보다 누군가를 지켜주는 별지기가 되고 싶다. 빛나는 모습에 감동하고 끊임없는 노력에 성원을 보내는 것 또한 색다른 행복이다.

루브르의 별이 우리를 보고 웃는다. 사람들의 애환을 어루만져 주고픈 위로의 낯빛일까. 아니면 힘들게 찾아온 사람에게 보내는 환영의 인사일까. 그녀는 자신을 바라보는 사람들을 향해 미소 짓고 있는데 정작 관람객들은 화답이 없다. 어렵게 마주한 걸작이라 그런지 작품을 즐기지 못하고 있다는 생각이 들었다. 나 역시도 마찬가지다. 처음에는 경탄의 시선을 보냈지만 웃으며 보고 있지 않았다. 밀려드는 관람객 때문에 감상의 질이 떨어지다 보니 미소가 사라지기도 하지만 이유는 그것만이 아닌 것 같다.

우리는 진실의 미소에 인색하다. 쫓기듯 살아오느라 눈은 경계의 눈빛으로 바뀌고 입은 상대를 멸시하는 조롱의 화살이 되었다. 남의 조언에는 귀를 닫고, 손은 상대를 향해 손가락질한다. 내 편이 아니면 적이 되는 세상에서 벗어나지 못하고 있다. 억눌린 마음을 위로받고 싶은 것은 누구라도 똑같은 심경일 것이다. 그녀의 미소를 보면서 어지러운 현실 속에서도 응시하는 동안이나마 위안을 얻고자 하는 간절한 열망이 미소와 여유를 잠시 뒤로 물러서게 한 것이리라.

미소는 태초의 감성이며 신이 인간에게 준 선물이다. 웃음은 어떤 상황에서도 긍정적 에너지를 전달하는 사회적 교류이며 유대감을 형성하는 큰 자산이다. 자신의 감정을 상대에게 호의적으로 나타내는 증거가 아니겠는가. 신은 공평하므로 감성 또한 함께 나누어야 한다.

모나리자는 수 세기 동안 환영받기도 하고 도난으로 인해 한동안 유폐되어 있기도 했다. 다시 돌아온 그녀는 여전히 웃고 있다. 부질없는 세월의 무상함을 알아버렸을까. 성녀의 미소처럼 편안하고 여유롭지만, 그 속에는 아수라장 같은 세상을 향한 연민이 투영되어있다. 우리도 모나리자처럼 진심이 영혼 속에 잠재되어 있어야 한다. 그래야 어둠과 혼돈 속에서도 미소를 잊지 않을 것이다.

사람들은 모나리자의 미소를 보고 싶어 하지만 그녀는 웃고 있는 우리가 보고 싶을 것이다. 진실한 웃음으로 자신을 맞이할 수 있는 사람이 나타나기를 기다리고 있는 건 아닌지….

　웃어보자. 미소 짓는 지금이 가장 빛나는 순간이다. 루브르의 별처럼.

3부
비婢의 비碑

선셋 인 작살금
가얏고의 환幻
바람 앞에 서다
비婢의 비碑
홍몽紅夢
복사꽃 청도에는
목련 소회所懷
내 자리
그 집 앞

선셋 인 작살금

뻥 뚫린 지붕으로 나무 잎사귀들이 도둑처럼 기웃거린다. 방바닥은 대나무 숲에 자리를 양보하고 벽에는 누군가가 벗어둔 낡은 셔츠가 힘없이 걸려있다. 검불은 삼십 년 세월이 남아있는 지붕 위에 눅눅히 쌓여있다. 산에서 끌어다 쓰던 수도는 꼭지에 녹이 슨 채, 물기 없는 입을 다물고 침묵한다. 휑하니 빈 부엌이 버려진 집이라는 것을 말해준다.

산 중턱 중간쯤에 있는 작살금 입구에 도착했다. 바닷가로 내려가는 길은 흔적 없이 사라지고 없다. 무성한 숲을 헤치고 해안으로 조심조심 내려갔다. 집은 허물어지고 졸졸 내려오던 개울물도 말라버렸다. 마당이었던 곳에는 대나무가 바늘쌈 꽂힌 것처럼 빽빽이 들어서 있다.

오래전 시아버지가 사량도 앞바다에서 굴 양식을 했다. 그곳을 관리하기 위한 작은 슬래브 집이 아래 사량 바닷가, 작살금에 있었다. 사철 시어머니가 텃밭을 가꾸고 여름이면 시댁 식구들과 휴가를 보내곤 하던 곳이다. 그때 우리 아이와 또래 사촌들은 평생을 담는 추억을 쌓았다. 작살금은 그 누구도 침범하지 못하는 우리들의 작은 성이었다. 청정 바다는 잔잔한 물결과 검붉은 석양으로 금빛 수평선을 수놓고 있었다.

세월은 금강석처럼 단단한 것도 모래성처럼 허물어 버린다. 어느 해, 태풍으로 굴 어장이 엉망이 되고 배마저 가라앉자 상심한 시아버지는 몇 개월 후 돌아가셨다. 피땀으로 일군 어장은 다른 사람에게 넘겨지고 남은 가족은 추억만을 가슴에 담고 작살금을 떠났다. 연병장에 정렬한 군인처럼 하얀 부표가 줄지어 있던 양식장은 그저 푸른 바다가 되었다.

사량도도 많은 것이 변했다. 배로 연결되던 위 사량과 아래 사량은 연륙교가 세워져 차량 통행이 가능해졌다. 사람들의 왕래가 잦은 위 사량에는 펜션이 여러 채 생기고 모래사장이 있는 해변도 잘 정리되어있다. 하루에 두세 차례만 다니던 연락선은 시간마다 다니는 카페리로 바뀌어 수월하게 휴양을 즐길 수 있다.

아들 가족과 작살금으로 갔다. 손자들은 아홉 살과 네 살이니 그때 내 아이들과 비슷한 나이다. 삼십 년이 지난 후 아들은 제 자식을 데리고 다시 방문한 감회는 남다를 것이다. 자신의 아이들에게 무엇을 보여주고 싶었을까. 그때 추억을 작살금의 파도 소리로 회상하려는지, 아니면 자신의 작살금이 이런 곳이라고 아이들에게 보여주기 위해서일까. 마치 한 소년이 잘 성장하여 일가를 이룬 뒤 고향 마을로 가족을 데리고 온 듯하다.

손자들은 아비의 마음도 모른 체 바닷가에 발을 담그고 철없이 웃고 있다. 조개와 고동을 잡던 개펄은 물때가 맞지 않아 바닷물에 잠겨 있다. 바위틈에서 거북손을 따고 작은 돌을 뒤집어 게를 잡는다. 손자들은 신기한지 아비에게 더 많이 캐 주기를 재촉하자 아들은 허벅지까지 담그고 조개를 찾는다. 더 깊이 들어가려는 아들을 보고 위험하니 그만 들어가라고 외쳤다. 자식을 걱정하는 부모의 마음은 똑같다.

두어 시간 머물다가 애석한 마음을 뒤로 하고 바닷가를 벗어났다. 차에 올라 석양에 물들어 가는 작살금의 옛집을 내려다본다. 대나무 숲에 에워싸여 한쪽 지붕만 겨우 드러낼 뿐이다. 아들도 아쉬운지 운전대에 앉아 물끄러미 본다. 바람이 불어오자 설렁설렁 나무 잎사귀들이 흔들린다. 오래전 시어른의 작별 인사하는 손짓 같아 가슴 속에서 지난 세월이 울컥 솟구

쳐 올라온다.

 어떤 집이든 그곳에 살던 사람들이 떠나면 퇴락해진다. 노인의 빈 가슴처럼 쇠락한다. 인간의 의지와 상관없이 허물어져 가는 것은 슬프지만 인정할 수밖에 없는 엄연한 현실이다. 무엇보다 한 사람의 부재로 인하여 사라지는 것만큼 슬픈 기억도 없다. 그렇게 작살금은 석양처럼 화려한 추억만을 남긴 채, 우리 곁을 떠났다. 천천히 기울어 가는 하루는 삼십 년 전의 세월을 반추하는 한 가족을 황혼으로 물들여 주었다.

 클로드 모네가 그린 석양이 생각난다. 시간과 빛의 변화에 집중한 그는 물의 도시 베네치아 선셋을 유달리 사랑했다. 붉고 푸르스름한 색의 파동이 물결 위에 흩어지고 우수 짙은 보랏빛은 보는 이의 마음을 아련하게 만든다. 마치 사량도 앞바다에 저무는 노을을 바라보는 내 마음 같다. 석양은 하루의 마지막 에너지를 색으로 담아, 보는 이에게 선물한다. 그 힘으로 모네는 선셋의 잔영을 그림으로 승화할 수 있지 않았을까.

 기억은 인간의 정서에 많은 영향을 준다. 어릴 때 어떤 곳에 대한 추억을 가졌냐에 따라 성격과 인성도 달라진다. 작살금의 바다가 주는 시각적인 풍경과 색채가 주는 서정적 이미지는 평온하고 여유로운 품성으로 만들어 주었을 것이다.

추억의 빛깔과 문양과 결이 쌓여 한 사람의 인성을 결정한다. 거친 바다에 대한 기억의 시간과 넉넉한 시골 평야에 대한 이미지는 분명 사람을 다르게 키운다. 아들에게 작살금은 어떤 화가의 그림보다 더 평온하고 자신을 보듬어주는 인상으로 오랫동안 머물러 있을 것이다.

작살금은 저물고 사라져 가는 곳이지만 우리에게는 마지막 낙조를 태우며 화려한 기억으로 남아있다. 모네의 선셋 인 베네치아처럼….

가얏고의 환幻

 그곳에서는 모든 것이 경건하고 순결하다. 능선의 햇살은 그날처럼 따뜻하다. 윤사월 잔디는 푸른 벼처럼 청기가 충만하고 듬성듬성 서 있는 소나무는 긴 그림자를 끌고 있다. 낮과 밤이 모여 하루를 이루고 나날이 쌓여 세월이 되건만 내일은 아무도 알 수가 없다.
 구릉 위 고분들이 다도해 섬을 이루었다. 호젓한 산책길은 옛 가야국으로 들어서는 오름, 둥글게 엎드린 봉분은 하늘과 맞닿으려는 신성한 기도, 현생은 미래로 이어진다는 가야인의 염원을 담고 있는 성소다. 대가야 지산동 고분군, 그곳에는 순장의 아픔이 잠겨 있다.
 소녀는 먹먹히 서 있다. 깨끗이 목욕하고 밤하늘을 쳐다본다. 이승에서 보는 마지막 달이다. 달빛도 이슬비처럼 애달프게 내린다. 희끄무레한 동녘이 밝아 오자 부모님께 마지막 절을 하고 형제들의 비통한 눈길을 뒤로한 채 집을 나선다. 길섶에는 붉은 작약이 마지막 손짓으로 배웅하고 봄바람은 낡은 치마를 감싸준다. 가야의 들녘에 점점이 서 있는 나무는 이렇게 배웅할 것이다. '조용히 가거라 순장은 헌신의 죽음이란다'.

 죽음이라는 세계는 누구에게나 평등하지만, 통치자의 욕망은 세상 어느 곳에서도 사람의 목숨을 요구한다. 지배계급은 당시로서는 엄청난 무덤을 만들어 권세와 영광을 과시했다. 그들이 누울 분묘 안에 평소 신분을 알려주는 소장품 외에도 거느리던 시종과 백성까지 함께 묻었다. 그 풍습은 사후에도 삶이 변치 않기를 바라는 계세사상繼世思想을 구현한다. 순장자는 인격체가 아니라 지배자의 위세를 나타내는 부장품에 불과했다.

 권력자를 따라야 하는 약자의 시대는 가야골에만 있지 않았다. 한반도의 소녀도, 이집트의 동자도, 페루의 갓난아기도 그렇게 목숨을 바쳤다. 순장은 분명 두렵고 기괴한 일이지만 죽음보다 어둠이 더 두려웠을 아이에게 남은 가족을 위해서라고 으름장을 주었는지도 모른다. 그냥 받아들일 수밖에 없는 생매장만큼 한 맺힌 이별이 달리 있을까.

우륵이 하얀 도포 자락 위에 금琴을 안고 널마루 위에 정좌하고 있다. 시선은 기러기 떼처럼 늘어선 버팀목을 향하고, 섬세한 다섯 손가락이 명주실 줄 위를 거닐 준비 한다. 하늘 향해 한숨 들이키고 현을 깊숙이 누른다. 초연하고 낮은 울림이 휘영청 보름 달빛과 만난다. 떨어지는 꽃잎은 나비가 되고 땅에 뒹굴던 낙엽이 다시 꽃으로 핀다. 가슴 속 애간장이 봄날 아지랑이처럼 흩날리면 우륵의 두 눈에는 소리 없는 눈물이 흐른다.

'서러워 말아라, 살고 죽는 것은 똑같다. 그냥 자는 듯 잠들어라.' 그건 손이 켜는 음률이 아니고 현이 다독이는 위로다. 가야금 소리를 듣노라면 가슴에 맺힌 울분이 울대 넘어 올라오는 것을 느낄 수 있다. 이것만큼 아름다운 위로가 없다. 가야의 혼을 받은 소녀가 조용히 우륵 옆에 좌정한다.

우륵은 나라 잃은 백성을 위로하며 탄금한다. 오동나무도 속을 비워야 금의 소리를 내듯이 뺏기고 잃어버린 역사는 금의 가락에 얹혀야 삭고 풀어어진다. 악사가 망국을 위해 할 수 있는 것은 가야금 열두 줄로 민초들의 가슴을 어루만져 주는 것뿐이다. 따스한 윤사월의 밤이든, 국화꽃 피는 시월이든, 하얀 도포 자락 위에는 늘 눈물이 떨어졌다.

천천히 발디딤새를 옮긴다. 응어리에서 깨어난 감성이 무舞의 세계로 빠져들기 시작한다. 가야금 가락이 너울에 실리자 몸은 현을 타고 움직이기 시작한다. 율律은 벼랑을 오르는 바람처럼 가팔라지고 무희는 끓어오르는 심정을 손끝에 모은다. 가녀린 허리는 꺾어지며 여울지고, 치맛자락은 바람에 덧없이 감긴다. 휘돌다 흩어진 머리카락 한 올이 뺨 위로 흘러내린다. 현의 눌림이 잦아들면서 가슴에 묻은 한을 풀어내듯 깊은숨을 내쉰다. 무희의 눈가에도 마침내 이슬처럼 촉촉이 젖어 든다. 소녀의 혼과 율과 무가 환幻을 이룬다.

　사람은 누구나 역사의 아픔을 함께 나눈다. 고분군 가운데 서서 눈을 감고 귀를 연다. 한 무리가 축담을 쌓고 성벽을 만들고 강둑을 올린다. 또 다른 무리는 그 축담을, 강 벽을, 성벽을 부수고 무너뜨린다. 역사 위에 역사가 쌓여 지지만 남는 것은 풀 우거진 계곡과 언덕과 봉분뿐이다. 숱한 세월이 흘러 시인과 악사와 무희가 그곳에 찾아와 시를 짓고 노래하고 춤을 춘다. 무현금의 선율은 미리내로 흐르고 농현한 가락에는 절제와 기품이 묻어난다. 사람은 몸으로 시를 짓고 노래하고 춤을 추기에 그나마 삶을 살 수 있는 것일까.

　늦봄 구릉은 쓰개치마 쓴 여인처럼 은밀하면서도 정갈하다. 고분 옆 조그마한 소나무는 곧게 앉아있는 비구니 같다. 가야 소녀가 그 곁에 서서 아래 평원을 내려다본다. 순장했던 계절은 올해도 꽃을 피우고 씨를 여물게 하고 열매를 맺고 있다.

가얏고 소리와 숙연한 춤사위로 다시 눈을 뜬 소녀. 들꽃에 물든 치맛자락 움켜쥐고 한 발자국 내디딘다. 가야의 바람은 그날처럼 따뜻하게 불고 푸른 하늘에는 새 한 마리가 먹선 그리듯 날아간다.

능선에서 무희와 소녀가 사붓한 걸음으로 걸어온다. 가야 소녀여, 나의 할미, 할미, 할미였을 소녀여, 저 드넓은 들녘으로 내려가자꾸나. 함께 맞잡은 손에 천년 숨이 어려 있구나.

바람 앞에 서다

 세차다. 해안가로 가까이 갈수록 더 사납게 분다. 비릿한 갯내는 바람에 이리저리 흩어지고 사그라져 흔적이 없다. 바위 틈에 자리 잡은 해국은 비스듬히 누워 용케 버티고 있다. 그날따라 유난스러운 건지, 원래 그런지, 초행이라 가늠할 수 없다. 몸을 가누기 힘들 정도로 휘청인다.
 섬과 섬을 잇는 다리에 당도했다. 출렁다리라 하지만 꽤 실하다. 쇠로 된 난간을 붙잡고 섰다. 발판에는 바다를 내려다볼 수 있도록 구멍이 숭숭 뚫려 있다. 발이 빠지지 않는 구조이지만 사람들은 빠질까 염려되는지, 아니면 그 사이로 물살을 보기 위해서일까. 모두 머리를 숙인다. 왕을 마주하기 위한 묵례의 자세가 된다.

왕의 흔적을 찾아 떠난 길. 파도 소리가 거문고 소리처럼 들린다고 전해지는 슬도를 거쳐 돌섬이 흩어져 있는 바닷가에 섰다. 희끗희끗한 파도가 밀물을 등에 업고 빠르게 몰려오고 바위 사이 협곡으로 물살이 거칠게 넘나든다. 해안선 끝자락에는 깎여진 기암괴석과 허리를 낮추어 자리 잡은 해송이 예사롭지 않다. 왕의 바위라 그런지 해풍의 권위도 대단하다. 엎드린 자에게만 생명을 허락한다.

대왕암은 바람을 눈으로 보는 곳이다. 드세게 몰아치는 돌풍 때문에 난간을 잡지 않으면 제대로 서 있기조차 힘들다. 다른 사람의 시선을 위해 치장한 몸뿐만 아니라 혼탁해진 생각까지 가차 없이 훑어낸다. 격랑처럼 몰아치는 바람이 세차게 부는 줄만 알았는데 줄기가 제각각이다. 솜처럼 부드러운 결이 있는가 하면 송곳처럼 뾰족한 결도 섞여 있다. 돌아보면 편안했던 시절도 있고 가시밭길 같은 날도 있었다. 그 모두가 얽히고설켜 지나간다.

풍장 패 놀이판보다 더 요란한 바람 소리다. 온갖 아우성을 집어삼키는 듯하다. 세상사 잡다한 소음에서 벗어나 자연의 음성에 귀 기울인다. 살다 보면 가슴에 찬 울분이나 서러운 마음을 내지르고 싶을 때가 있다. 내뱉고 싶은 말을 바람에 실어 보내려 한다.

"엄마아…."

그녀가 외친다. 대왕암에 서서 바다를 향해 목청껏 소리친다. 오랜 병고 끝에 작고한 어머니에 대한 애통한 마음이다. 돌아가시고 나면 누구나 허무하고, 먹먹한 마음이 남지만 유독 살가웠던 모녀였다. 바람에 실린 울음 자락이 이승의 바다 건너 저 너머에 닿을 수 있을까. 목울대가 뜨거운 눈물로 바뀐다. 허공에 흩어지는 절절한 사모곡이다.

그렇게 맘껏 외치는 그녀가 부러웠다. 내게 엄마라는 말은 어색한 단어다. 철이 들 무렵부터 시작한 어머니의 병원 생활로 스킨쉽이 없는 서먹한 사이가 되었다. 오랜 분리와 대화의 부재로 모녀라는 정체성이 희미해졌다. 성장한 후에도 그 호칭은 내게 절실한 단어가 되지 못했다. 그 후 계모에게 엄마라 불렀지만, 기계적인 언어 이상을 넘어서지 못했다.

바람을 마주하며 심호흡한다. 찬 바닷바람이 콧속으로 밀쳐 들어오니 가슴이 뻥 뚫린다. 마치 이불 네 귀를 잡고 팡팡 털어내듯, 폐를 쫙 펴서 주름진 곳곳에 끼어 있던 해묵은 먼지를 털어버리는 느낌이다. 사람들이 옷깃을 잡고 웅크리고 걷고 있다. 나는 가슴을 펴고 모자를 벗었다. 머리칼이 휘날리는 대로 내버려 두었다. 마음속에 쌓여있는 불안한 감정이 회오리가 되어 날아가기를 바랐다.

바위에 부딪힌 물거품이 날아왔는지, 지나가는 비구름이 뿌리는 비인지. 얼굴에 정체 모를 차가운 입자가 스친다. 사람들이 우산을 펼친다. 먹장구름이 강풍에 밀려 빠르게 지나가는 것을 보니 오래 올 비는 아닌 것 같다. 어둑해진 사위에 멀리서 일행이 다급하게 재촉한다. 우레같은 바람 소리는 음파도 가로막는다. 몇 번을 불렀다는데 이제야 들린다. 발걸음을 서두른다.

소나무 숲길에 들어선다. 바다와 달리 방풍림 속은 안식처처럼 고요하다. 보랏빛이었을 맥문동꽃은 이미 이울어 푸른 잎만 무성하다. 상사화 무리는 든든한 녹색 줄기를 곧추세우고 붉은 얼굴로 숲을 물들이고 있다. 이렇게 양껏 펼쳐진 상사화밭은 처음이다. 선홍빛 색채가 궂은 햇살을 받아 오묘하다. 정념을 불태운 뒤 미처 꺼지지 않은 여인의 심장 같다.

몇 걸음 나서면 해안과 맞닿아 청록색 바다를 만날 수 있고 숲속에는 온통 붉은 꽃 무리가 펼쳐져 있다. 보색 향연으로 감정의 맥놀이가 빨라진다. 온몸으로 일렁대던 대왕암의 파도 때문일까. 아니면 농염한 상사화의 미소 탓인지, 가슴에 설렘이 스친다.

징소리처럼 귓가를 울리던 바람은 나비의 날갯짓 마냥, 소리 없이 지나간다. 작은 흔들림에 괴로웠고 깊은 수렁에는 오히려 담담했다. 광풍에 몸을 떨던 순간이 있었지만, 돌아보니 흔적 없이 사라진 그 시간마저 그립다. 거칠었던 기억도 날려 버리고 웅크린 마음도 벗어 버리고 바람 앞에 선다.

비婢의 비碑

잡초가 덮인 돌계단을 하나둘 올라선다. 담장에 자리한 이끼는 묵은 시간의 옷을 입고 먹빛 기와 위에는 세월이 얹혀있다. 우중충했던 날씨가 사라진 오후. 햇발이 벚꽃 날리듯 흩날린다.

서원 마당 우측으로 번듯한 전각이 보인다. 세종 시절 재상이었던 황보인의 덕행과 학문을 추모하는 오석 비문이 비각 속에서 잠들어 있다. 그 옆 담벼락에 붙은 한갓진 곳, 그러나 방문객을 정면으로 바라보는 곳에 수수한 비문이 서 있다. 황보인을 대면하려면 먼저 여기서 예를 갖추라는 무언의 부탁인 듯하다.

'충비단량지비忠婢丹良之碑.' 노비 단량을 위로하는 비석이다.

포항시 구룡포읍에서도 이십 여리나 떨어진 산골에 자리한 광남서원. 천민의 충직한 행적을 기리는 비를 세운 곳이 더러 있으나 양반의 성역인 서원 안에 모셔져 있는 곳은 여기가 유일하다고 한다. 후손들은 족보에도 없는 여인을 위해 연회석 화강암에 여섯 글자로 깊게 팠다. 대대로 기억하라는 가문서와 같다.

단량은 정승 황보인 집안의 여종이었다. 왕위를 찬탈한 수양대군에 의해 역적으로 몰려 멸문당하자 황보인의 둘째 아들 흠은 백일이 갓 지난 아들의 운명을 여종에게 간곡히 부탁했다. 단량은 물동이에 아기를 넣고 새벽 성문을 몰래 빠져나와 태백산맥을 넘어 포항 구만리 짚신 골에 도착했다.

구만리의 뜻은 '고만'이라는 뜻으로 당시는 귀양살이하는 자들만 올 수 있을 정도의 오지였다. 그 후 친어미처럼 아이를 보살펴 자손을 이어 나갔고 이백구십 년 후 황보인의 관적이 회복되자 집안은 가문을 되찾았다. 단량이 아니었으면 절손될뻔 한 후손들이 그녀의 충정을 기려 비문을 세웠으니 반상을 초월한 미담이라 할만하다.

물동이는 하녀가 지녀야 할 살림 품목이다. 새벽부터 일어나 멀고 먼 우물가로 가서 물을 길어야 한다. 물이 귀할 때는 도성 밖까지 가야 했고 물통이 찰 때까지 몇 번이라도 다녀와

야만 한다. 그렇게 모인 물은 치성을 드리는 정화수는 물론, 쌀을 씻고 제수를 장만했던 대식구의 생명수다. 물동이는 살림을 지키지만, 집안 혈맥을 잇는 생명의 항아리이기도 했다.

동해가 넘실대는 짚신 골은 한양에서 수천 리다. 단량은 끈질긴 추노꾼의 칼날을 피해 외딴 오두막에서 상전의 아들을 내 자식처럼 키웠다. 자칫 제 목숨마저 버려야 할 위험하고 긴박한 삶이었지만 자신을 믿는 집안의 뼈대를 꺾게 할 수는 없었다.

소년이 된 아이는 드넓은 바다가 내려다보이는 언덕에 앉았다. 물빛은 짙푸르고 바람은 거세다. 바다는 망망하고 자신의 처지는 막막하다. 미물도 근본이 있는데 아버지의 신분을 한사코 숨기는 어머니에게 더 이상 캐물을 수가 없다. 뭔지 모를 분함과 억울함에 비례해서 자신이 누구인가에 대한 궁금증은 커져만 갔다. 어느 날 밤, 어머니는 소년에게 나직이 말했다.

"잘 들어야 한다….'

단량이 소년에게 멸문의 내력을 얘기하며 손에 쥐어준 것은 황보 집안의 후손임을 밝히는 상아로 만든 호패였다. 어두컴컴한 밤, 묵묵히 내려다보는 시선 끝에 촉촉이 젖어 드는 달그림자. 봉창으로 스며든 달빛이 소년의 마음을 읽어낸 듯 허허롭게 흔들린다. 그렇게 한 여인의 일생과 한 집안의 가문이 얽혀 설화 같은 비婢의 비碑를 만들었다.

한 걸음 더 다가가 단량의 비문을 자세히 바라본다. 높이 석 자, 너비 한 자, 두께 반 자 정도인 그 위에 여섯 글자가 새겨지면서 돌은 후손이 읽고 기억하고 물려줄 문文을 이룬다. 보존해야 할 유물이고 마음 깊이 담아야 할 경전이기도 하다. 바람이 불든, 비가 내리든, 꿋꿋이 세월을 이겨낸 인내와 침묵만이 진실한 언어를 이룬다. 그런 무언無言이 풍상과 세월을 이겨낸다.

붉은 단丹, 계집 량良. 평소 그녀는 자신의 이름처럼 주인을 정성스럽게 받들었을 것이다. 종의 신분이기 때문에 복종한 것이 아니라 주종을 떠나 사람을 섬기는 의로움을 실천한 것이다. 그러기에 아이를 항아리에 넣고 머리에 올렸다. 그것은 자신의 목숨보다 귀한 생명에 대한 경외감의 표현이다. 지금도 물살이 드센 강을 건널 때면 어른은 아이를 어깨에 올리지 않는가.

가덕도 섬마을에 사셨던 할머니는 해산물을 담은 동이를 머리에 이고 장에 나가 억척스레 아들의 학비를 벌었다. 농사지으랴, 물질하며 해산물을 따랴, 숨 가쁜 나날이었지만 자식이 잘된다면 뭔들 못하겠는가. 할머니의 머리에 얹힌 곡식과 채소와 해산물은 단순히 먹거리가 아니라 자식의 미래이자 자신의 염원이었다. 훗날 그 동이에는 아들의 자수성가가 담겼고 손자들의 웃음 망울이 가득 찼다. 할머니의 등은 세월에 굽어졌지만, 늘 고개를 꼿꼿하게 치켜세웠다. 새삼 그리워지는 머리와 목덜미와 어깨의 단아함이여.

충과 효는 조선시대에는 인륜을 이끄는 두 수레바퀴였다. 단량의 비는 충忠이라는 유교적 관념만을 표현하는 게 아니다. 나를 희생하고 우리를 세우는 일이 예전이나 지금이나 어렵다는 것을 보여주는 언어다. 그녀의 헌신을 많은 사람이 회자하여야 하는 이유는 이기적인 세상에서 타인을 위해 조금이나마 곁을 내어 줄 수 있는 최소한의 품격을 생각해 보라는 의미가 아닐까 한다. 자신의 이익 앞에서 고개 숙이는 일쯤이야 아무 일도 아닌 세상이 되었지만, 인간의 도리를 저버리지 않은 충정은 고되고도 힘든 일. 그러므로 더욱 되새겨 보아야 할 덕목이 아닌가 한다.

단량비는 무성한 풀꽃들에 에워 쌓여있다. 잘 알려지지 않은 서원인 탓에 문화재 대우를 제대로 받지 못한 탓이다. 하지만 풀꽃이야말로 단량의 충절을 지키는 민중의 가슴이다. 비문을 지키느라 무시로 뭇발길에 짓밟히고, 장맛비에 뿌리가 드러나고 때로는 교교한 달빛에 마음이 흔들려도 제자리를 꿋꿋이 지킨다.

어디서 와서 뿌리를 내린 걸까. 흘러 흘러 짚신 골에 정착한 단량처럼 씨앗이 정처 없이 날아와 이곳에 자리 잡았다. 누가 눈여겨보지 않더라도 모진 세월을 이겨낸다. 자신을 희생하며 주인의 혈육을 지켜낸 인생이나 잡초나 무슨 차이가 있으랴.

단량 비를 뒤로하고 계단을 내려온다. 다투어 피는 꽃들 사이로 민들레가 서원 뜰을 노랗게 물들이고 있다. 냉랭한 겨울을 이겨낸 끝에 뿌리를 내리고 봄 틈새에 앉아있는 민들레 더미. 단량의 환생일까, 아니면 그녀에게 바치는 헌화일까. 단량을 위한 또 하나의 충忠으로 끈질기게 올해도 피어난다.

완연한 봄빛 속 '충비단량지비'는 더욱 화사하다.

홍몽 紅夢

 온통 선홍이다. 내가 상상한 것 이상 쨍한 빛이다. 처음 그 색을 그림에서 보았을 때는 화가가 선택한 색이니 느낌대로, 감흥이 일어나는 대로 채색했으리라 생각했다. 막상 모네가 살았던 곳을 찾아 알게 된 것은 화가의 의지가 아니라 거기에 흔히 있는 향토색이었다는 거다.
 어느 봄날, 남프랑스를 여행하고 있었다. 일상의 권태에서 벗어 난 새로운 항로였으며 그야말로 꿀 휴식의 시간이다. 이국 풍경을 놓칠세라 두 눈 부릅뜨고 낱낱이 담으려 했지만, 장거리 버스 이동에 차츰 피로해지기 시작한다. 돌덩이보다 무거운 눈꺼풀에 덮인 동공이 가물가물 흐려진다. 도시를 벗어나 드넓은 평원으로 접어든 버스는 푸른 둔덕을 끼고 달리고 있었다. 갑자기 묘한 색채가 눈을 현란하게 한다.

충격이었다. 개 양귀비꽃이 넘실대고 있다. 희디흰 구름 아래 가슴 터질 정도로 홍염에 물든 들판. 우리 땅에서는 감히 내밀 수 없는 선명도가 뛰어나고 자극적인 색이다. 한국 재래종 꽃들은 보드랍고 은은한 색으로 물들여 있다. 나는 세상 꽃들은 다 그런 지고지순한 빛깔이라 여겼다.

화가의 꿈을 키우던 학창 시절. 클로드 모네의 화집을 어렵게 구했다. 그의 아내 까미유가 양산을 들고 들판을 걷고 있는 그림이 눈에 확 들어왔다. 개양귀비꽃이 붉게 요동치며 펼쳐져 있다. 모네는 눈앞에 전개된 자연 색을 그대로 옮겼을 뿐인데 나에겐 생경하고 독특한 색감으로 느껴진 것이다. 직접 보고서야 환경 차이를 감성 차이로 이해했음을 알았다. 지천으로 피어있는 그 꽃들은 원래부터 핏빛이라는걸.

색은 빛에 의해 변한다. 빛의 파장에 맞추어 고유 색이 달라지고 환경에 따라 바뀌기도 한다. 모네는 빛과 기후 조건에 따른 풍경 변화를 붓으로 증명했다. 자연의 흐름을 그림 속에 반영하여 빛이 살아 있다는 증거를 적극적으로 그려냈다. 화려한 묘사나 기술적 접근보다 자연에 가까운 것이 예술과도 근접하는 것이라고 모네 스스로 보여주었다. 남프랑스의 황홀한 햇빛과 극적인 색조가 한정된 이론과 좁은 시선에 갇혀 있던 나를 해방 시켜 주었다.

 학생들 사이에 추상회화 바람이 불자 스승님은 늘 말씀하셨다. '시류에 휩쓸리지 말고 물체가 가지고 있는 본질에 충실해져야 작품 세계가 더 단단해진다.' 지극히 원론적인 말씀이 그때는 귀에 들어오지 않았다. 세월이 갈수록 그림뿐만 아니라 사람이 살아가는데 필요한 원칙이라는 걸 늦게서야 깨닫는다.

 강렬한 시선으로 손짓하던 꽃불은 묘한 향기를 남기며 스쳐 지나가고 해는 기울어 가기 시작한다. 차의 부드러운 진동과 엔진의 낮은 소리는 수면 음악이 되어 승객들을 꿈속으로 몰아넣었지만 나는 잠들 수가 없었다. 들판의 석양은 꽃 무리를 활화산처럼 불태우고 있고 몽환적인 핏빛에 내 영혼마저 물들어 가는 듯했다. 저 멀리 까마귀의 날갯짓마저 붉게 물들어 있다.

 개양귀비 핀 들판이 슬로우 모션처럼 지나간다. 긴 여행에 지친 나그네는 붉은 꿈을 꾼다.

복사꽃 청도에는

 새벽안개가 몽상가의 머리카락처럼 산허리에 낮게 흩어져 있다. 우듬지에 앉은 새들은 청잣빛 소리로 하루를 연다. 저 멀리 보이는 강줄기는 봄빛 머금은 들판 사이를 유유히 흐르고 부지런한 농부의 경운기 소리는 들노래보다 정겹다. 훈훈한 산바람에 먼저 키를 낮추는 풀꽃들의 맨살이 부드럽다.
 아침 정적을 깨고 산책하러 가자는 진구의 목소리가 들린다. 집 뒷산으로 강아지를 앞세우고 걷는 첫 일과다. 조금 올라가자 복숭아나무들이 온 산을 덮고 있다. 낮게 처진 가지 밑에는 설익은 복숭아가 지천으로 떨어져 있다. 그녀는 이곳 청도에 세컨하우스를 가지고 있다. 마을 위쪽 산허리쯤에 땅을 샀다고 같이 구경 간 것이 엊그제 같은데 추진력 좋은 그녀의 남편 덕분에 집 지은 지 벌써 사 년째 된다.

　유난히 꽃을 좋아하는 그녀는 계절마다 피는 꽃을 심어 마당을 장식한다. 보기는 좋지만 일이 많다. 거름도 주고 꽃대도 세워주고 틈틈이 약도 친다. 잡초를 보아 넘기지 못하는 성격 탓에 온종일 엎드려 뽑는다. 땅에서 올라오는 흙내가 꽃향기보다 싱그러운 곳. 피부는 햇살에 거무스름하게 변했고 직장 생활할 때 몇 번이나 시도하다 실패했던 다이어트도 저절로 되었다고 한다. 다시 건강해진 모습이 보기에 좋았다.

　십여 년 전의 일이다. 친구의 젖가슴에 팥알만 한 멍울이 생겼다. 내가 만져보아도 제법 단단했다. 옆쪽으로 모래알 같은 것도 손에 잡혔다. 그냥 넘어갈 일이 아님을 직감했다. 우려했던 일이 현실로 다가왔다. 악성 종양이다. 급히 수술 날짜를 잡았다.

　수술 결과는 성공적이었지만 감당하기 힘든 치료과정이 남아있다. 정기 검진받으러 병원에 갈 때마다 혹시나 하는 두려운 생각은 환자 본인이 아니면 경험하기 힘든 고통이다. 여자로서 상실감과 무력감이 올만도 하지만 매사에 낙천적인 사고가 병마를 이겨내는 데 힘이 되었다.

　교직에 있던 그녀는 투병하는 동안 청도에 있는 서까래가 드러난 백 년도 더 된 낡은 흙집을 구했다. 주말과 방학 동안 그곳에서 지내기 시작했다. 황토의 누긋한 냄새가 배어 있는 방에서 잠을 자고 잔디마당을 가꾸고 터앝에 남새도 심었다. 시골살이에 정을 붙이고 공들이는 동안, 건강은 빠른 속도로 회복되었고 마침내 완치 판정받았다. 그 후, 근처 맑은 천川이 내려다보이는 산 중턱에 땅을 사서 자기만의 꿈을 담은 자그마한 집을 지어 옮긴 것이다.

  땅 힘으로 건강을 되찾은 후, 청도에 둥지를 틀고서 은퇴 생활을 즐긴다. 마음씨 좋은 이웃은 집에 사람이 없어도 현관 앞에 푸성귀나 과일을 두고 간다. 그녀 역시도 집에 있는 간식거리를 동네 할머니와 나누어 먹는다. 건강하게 그을린 얼굴에 머리칼은 예전의 단발머리로 펌까지 하는 멋을 부린다. 건강이 안 좋아 낙담하던 얼굴은 이제 어디에도 없다. 평범한 시골 아낙이 되었지만, 생기있는 웃음이 사랑스럽다.

  그녀는 낙천주의자다. 뭐든 다 그럴만한 이유가 있단다. 어쩌면 암을 극복하는 힘도 긍정에서 얻은 것이 아닐까. 한동안 깊은 슬럼프에 빠진 내게 힘겨웠던 투병기를 들려주며 언니처럼 다독여 주었다. 따뜻한 미소와 차분한 어조로 설득하는 그녀는 정신세계가 나보다 한참 앞서간다. 그녀의 위로는 흔들리는 내 삶에 한 줄기 빛과도 같았다. 생사를 앞두었던 사람에게는 어떤 문제도 사치스러운 감정이리라.

봄이 오면 돋아나는 싹을 보며 생육하고 번성하는 기적에 감동하고, 여름이면 갖가지 동식물의 성장을 통해 풍요로운 자연을 체감한다. 결실의 계절에는 선선한 가을바람처럼 편안한 인생을 느끼며 이런 환경을 허락한 신께 감사드린다. 은거의 계절 겨울에는 온갖 생물들의 쉼터가 되어주는 대지를 보며 그녀 또한 천천히 땅에 기대어 가는 자연인이 되어 간다.

친구는 청도를 사랑한다. 남편의 권유로 낯 설은 고장에 왔지만, 남편의 모든 허물이 청도에 정착하게 해준 그 하나만으로 상쇄된다고 말할 정도이다. 물 맑고 산 좋고 이웃이 좋아서 이제는 떠날 수 없다고 한다. 가끔 부산에 와도 청도에 있는 또 다른 식구인 강아지들 걱정에 되돌아갈 준비부터 한다.

청도집은 유난히 창문이 많은 집이다. 햇살과 맑은 공기와 바깥 푸른 정원을 집안으로 들여놓았다. 집을 방문하는 손님도 많다. 관심을 보이면 누구든 초청하는 그녀는 남편의 눈치쯤은 아랑곳하지 않는다. 꽃 피는 계절이면 더더욱 지인들을 부른다. 진정성이라는 향기로 꽃이 벌을 불러 모으듯.

연분홍 복사꽃이 피었다고 사진 찍어 보내 주며 다녀가기를 권하는 친구. 집 앞 감나무에 까치밥 남겨 두고 새들의 노는 모습에 행복해하는, 평범과 보통의 일상을 소중히 생각하는 친구. 복숭아와 감나무와 강아지가 있고 맑은 천이 흐르는 청도에 자신만의 무릉도원을 차곡차곡 이루어 나가고 있다.

부산에 거주하던 아파트는 세컨하우스가 되었고 청도가 오롯이 본가가 되었다. 덕분에 나도 그곳의 정경을 즐기며 시름을 잊은 채 며칠 지내다 온다. 다디단 복숭아와 사람 향기가 가득한 그곳은 언제나 편안하게 손님을 맞는다. 청도에는 복사꽃이 있지만 나의 절친도 있다.

목련 소회 所懷

　비가 내린다. 새벽 봄비다. 밤새 왔는지 잿빛 하늘이 여명을 먹칠한다. 이제 막 피기 시작하는 꽃들은 낮은 기온에 몸을 움츠리고 있다. 일찍 핀 동백은 어느새 붉은 옷을 벗어 가지의 무게를 줄인다. 꽃망울이 한껏 부푼 목련은 금방이라도 터질 듯하지만, 붓끝 같은 뾰족한 입을 앙다문 채 거부한다. 꽃들도 차가운 비와 흐린 아침은 영 맘이 내키지 않는 것 같다.
　낮이 다가오고 비가 물러갈 때쯤, 물기 머금은 목련은 태양 에너지를 받아 몸을 열기 시작한다. 비늘보다 가볍고 새털보다 부드러운 속살을 천천히 내보인다. 가녀린 잎새이지만 세상을 여는 형상은 모세가 홍해를 열 듯 결연하고 피어 벌리는 힘은 헤라클레스의 팔뚝처럼 강하다. 신비롭다. 자연의 섭리는 꽃 한 송이에서조차 노을보다 엄숙하고 묵상하는 수도자처럼 경건하다.

학창 시절이 생각난다. 봄 학기가 시작되자마자 교정에 핀 꽃을 그리는 실기 수업 과제가 나왔다. 학우들은 미술관 근처 곳곳에 서 있는 꽃나무 앞에 다투어 자리 잡았다. 붉은 꽃, 노란 꽃, 하얀 꽃이 저마다 봄 향기를 풍기며 학생들의 시선을 모았다. 나는 목련 나무 앞에 이젤을 놓고 스케치를 시작했다. 곧은 가지에서 나온 꽃이 하얀 드레스를 입은 정숙한 신부 같아 마음에 들었다. 밑그림을 마친 후 수업 틈틈이 채색하였다. 그림이 반쯤 진행되었을 때다. 주말을 보내고 오니 잎이 떨어져 바닥에 뒹굴고 있다. 아뿔싸. 순식간에 져버리는 목련의 속성을 그제야 알았다.

목련은 나무에 연꽃처럼 피었다 하여 나무 목木을 앞에 붙인다. 원시시대부터 지금까지 태고의 형태 그대로 살아남은 오래된 꽃 중 하나이다. 송이도 커서 목련보다 큰 꽃을 피우는 나무는 없다고 한다. 주변에 흔히 있는 목련은 화피가 넓은 백목련이며 자생종은 그보다 작다. 필 때는 희고 풍성한 자태를 지니지만 질 때는 바닥에 낱낱으로 흩어져 오래된 바나나 껍질 같은 꺼먼 색으로 변한다. 필 때 고아한 품격에 비해 의외로 뒤끝이 누추하다.

지금 사는 아파트로 이사 와서 첫봄을 맞이한 해였다. 단지 안의 꽃나무에 돋아난 싹들이 마파람이 불 때마다 저마다 색과 맵시를 선보이며 쑥쑥 부풀어간다. 물기 오른 가지 끝에 오롯이 열린 연붉은 꽃잎, 늘어진 초리에 붙은 병아리 부리 같은 노란 새순, 뒤란에는 하얀 목련이 눈부시게 달려있다. 봄 속에서 몸을 연다. 아니, 꽃 속에서 봄이 부푼다.

그때부터 스케치북을 들고 목련을 옮겨 담기 시작했다. 흰 종이 위에 까만 연필 선으로 귀티 나는 뽀얀 얼굴을 그려냈다. 여러 그림 중 마음에 드는 것을 골라 나만의 꽃으로 낙점하고 사인한다. 한 해 봄이 화첩에 차곡차곡 쌓인다. 많은 꽃 중 유독 목련에 애착을 가지는 이유는 무엇일까. 기억 멀리 아득해진 학창 시절이 그리워서일까. 아니면 그때 그리다 놓친 목련이 아쉬워서인가. 꽃이 피면 다시 올 수 없는 젊은 날을 떠올리며 슬며시 웃곤 한다.

해마다 목련을 그리지만 앞으로 몇 장을 더 그릴 수 있을까. 사진이나 이미지는 저장하여 두고 그릴 수 있으나 살아있는 생명체와 같이 호흡하고 눈 맞추며 그릴 수 있는 기회는 많지 않다. 이미 살아온 물리적 시간이 있어 예견해 보지만 그럴수록 조바심은 더 커져만 간다. 서두른다. 봄은 오지만 인생길이란 가늠하지 못하는 길이다. 목련이 갑자기 지듯 사람도 부지

불식간에 지기도 한다.

　불과 일주일 전이다. 지인의 부고가 전해왔다. 직장도 잘 다니고 있던 오십 대였다. 맞벌이 부부라 가게 문을 닫고 늦게 귀가한 아내는 거실 소파에서 잠들어 있는 남편을 보며 방에 들어와 밤새 편히 잤다. 아침에 남편이 일어나지 않아 흔들어 깨웠더니 이미 숨이 멎은 상태였다. 검시 결과 사망 시간은 전날 저녁 일곱 시쯤이라 한다. 아내는 남편의 죽음도 모른 채 단잠에 빠져 있었던 게다. 그녀의 무심했던 태도가 후회로 남을 뿐 되돌리기엔 늦어버린 것이다.

　이른 봄, 활짝 피었다가 갑자기 떨어지는 목련처럼 일상을 살아가던 사람의 운명은 그렇게 사라졌다. 예측하지 못하는 죽음 앞에서 예측할 수 있는 목련을 바라본다. 희고 고운 잎들은 다가올 운명을 느끼듯 가슴은 시꺼멓게 타들어 가고 종래는 스스로 몸을 내려놓는다. 여느 해처럼. 수 천 년이 반복되어도 이별에는 굳은살이 배지 않는 것 같다.

　목련이 가볍게 흔들린다. 꽃잎이 바람에 움직여도 나무는 심지가 굳다. 향과 색만으로도 불어오는 바람결 따라 순백의 내음을 품어 낸다. 새악시 뽀얀 적삼처럼 싱그럽고 은은하다. 향은 그들의 존재 언어다. 인간이 만든 조잡하고 자극적인 냄새와는 비교할 수 없을 만큼 품위가 있다.

사람도 향기를 가지고 있다. 선하고 따뜻한 향기, 열정의 붉은 향기, 서릿발처럼 차가운 향기, 산처럼 우직한 갈맷빛 향기가 사람의 인상을 대신한다. 가끔은 흔들리며 서 있는 꽃에서 인간적인 향기를 느끼기도 한다. 나는 어떻게 기억될까. 내 삶에는 어떤 향이 스며 있을까.

드센 비에도 움쩍하지 않던 꽃잎이 가벼운 바람에 미련 없이 몸을 날린다. 향기를 거둔 목련은 풀빛 봄을 향한 연연한 단심만 남아있다. 애틋한 마음으로 바라본 나무는 가야 할 곳을 아는지 모르는지 표정이 없다. 봄이 지나간다. 꽃은 피고 지지만 내 그림 속 목련은 오래도록 살아있을 것이다. 내년의 봄이 목련을 피울 때까지….

내 자리

숲길을 걷는다. 물소리 따라 흙 밟으며 올라간다. 계곡 입구에 접어들 즈음, 완숙된 봄 볕살에 벌써 등에 땀이 밴다. 물길 따라 구비 진 길을 걷다가 쉴 만한 곳이 있는지 둘러보지만 적당한 자리가 없다. 조금 더 걸어 보기로 한다. 숲이 무성해지고 가팔라질수록 흐르는 물소리가 풍요롭고 구성지다.

비취 색 여울물은 하늘빛을 닮아서인지 맑고도 푸르다. 수풀 사이 작은 새들이 청아한 소리로 봄을 열고 나뭇잎은 어느새 울창한 형세로 계절을 맞이한다. 물길은 세차게 내려올 때의 기세와 다르게 얕은 바닥으로 몸을 낮추며 조용히 소리를 모으고 흐른다.

앉을 만한 곳이 눈에 뜨인다. 내 엉덩이와 딱 맞는 평평한 돌이 있고 등을 기댈 수 있는 나무도 서 있다. 딱 내 자리다. 오목하게 앉아 개울 소리 들을 수 있고 흐르는 물을 내려다보며 멍때리기도 좋을 장소. 여러 번 지나다녔지만 발견하지 못했다. 그때는 나와 인연이 아니었을까, 사시사철 풍경이 매번 달라져서일까, 이제야 눈에 들어온다.

물길을 내려다보며 생각한다. 애초에 내 자리가 있었을까. 내 자리라고 착각하고 살지 않았을까. 앉아있는 지금은 내 자리지만 제자리는 아니다. 누구나 와서 머무는 공간. 나그네가 잠시 앉았다가 돌아간 후, 흩어지는 꽃잎이 사뿐히 앉았다가 살랑이는 바람에 속절없이 떠나기도 한다.

내 자리라는 단어 속에는 강력한 심리적 소유가 동반되고 제자리는 마땅히 있어야 할 정서적 위치다. 제자리에 앉는 것은 분수를 알고 행동한다는 게다. 지금껏 거쳐왔던 내 자리가 제자리였을까. 아니면 내 것이라는 다부진 희망 사항인 걸까. 돌아보니 있어야 할 자리에 제대로 있었는지…. 물색없이 살아왔다는 생각이 든다.

자리가 사람을 만든다고들 한다. 책임감이라는 무게가 사람의 능력과 태도를 바꾼다. 사람들은 하던 일이 성공하거나 안정적으로 이루어져 나갈 때 자리 잡았다고들 한다. 목표에 도달하기 위해 끊임없이 자리를 찾아 헤매는 것이 인생이려나.

사람살이도 마찬가지다. 돌아보니 내 자리가 참 많았다. 딸의 자리, 엄마의 자리, 아내의 자리, 그리고 이때껏 며느리 자리가 내 자리인 줄 알았는데 어느새 시어머니 자리가 내 자리가 되었다. 자리는 내 것이 아니고 누구 것도 아니다. 다음 세대 누군가의 자리가 되고 그렇게 세월은 굽이굽이 물처럼 흘러갈 것이다.

이제 자리에서 일어난다. 앉았던 돌 방석과 편히 기대었던 나무 주변을 다시 살펴본다. 다른 사람이 쉴 때 그곳의 주인이 되도록 자리를 깨끗이 정리한다. 계곡물에서 투명한 소리가 난다. 아이들이 돌멩이를 쌓아 만든 작은 웅덩이에 나뭇잎 하나 자리 잡고 있다.

그 집 앞

딩 동.

떨리는 손으로 초인종을 누른다. 예고된 방문이 아니다. 내심 누군가가 있기를 바랐지만 없어도 그만이라는 심정으로 그 집 문 앞에 섰다. 잠시 후 안에서 인기척이 느껴졌다. 누구냐는 목소리와 함께 문이 빼꼼히 열렸다. 후덕한 인상의 육십대쯤 보이는 여자분 얼굴이 보인다. 낯선 여자가 서 있으니 방문판매라도 온 줄 알고 경계의 눈빛을 보인다.

사람이 있다는 생각에 가슴이 뛰기 시작한다. 처음 어떤 말을 해야 할지 그녀의 눈을 쳐다보며 우물쭈물하자 재차 물어온다. 용기를 내어 말을 꺼낸다. 삼십 년 전에 이 집에서 살았었다고, 근처 지나다가 실례되는 줄 알면서도 초인종을 눌렀다고 하자 그녀의 표정이 풀리면서 입가에 미소가 번진다.

말을 주고받는 사이에 현관문 너머로 내가 살았던 작은 아파트 구조가 펼쳐졌다. 식탁을 놓았던 자리, 냉장고가 서 있던 자리에 다른 사람의 살림이 놓여있다. 그녀는 차 한잔하고 가라 하지만 거실에 서서 잠시 둘러보는 걸로 만족하며 감사 인사를 하고 나왔다.

남편의 직장 관계로 두 해를 살다 온 경남 고성읍의 A아파트는 두 동이 앞뒤로 나란히 서 있는 사 층 규모다. 방 두 칸을 뺀 좁은 거실에는 큰아이 유치원 가방이 던져져 있었고 갓 돌이 지난 작은아들은 이방 저방 기어 다니며 손에 잡히는 대로 입으로 가져가 혼비백산했던 기억이 놓여있다. 아파트 놀이터에는 그때 없던 놀이 기구가 있고 그네도 세월 따라 모양이 바뀌었다. 아들이 자전거를 타고 놀던 울퉁불퉁했던 시멘트 마당은 아스팔트로 곱게 포장되어 있다.

오일장이 서면 아침부터 괜히 바빴다. 큰아들 유치원 보내고 작은아들 등에 업고서 이것저것 구경하는 재미에 자잘한 푸성귀를 사 오기도 했다. 주말이면 근처 바닷가로 나들이 갔다. 그때 주민들의 교통수단은 대부분 오토바이였다. 우리 가족도 오토바이 한 대에 동남아 사람처럼 네 명이 매달려 타고 달렸다.

다리 건너 장이 열리던 장소는 번화가가 되어 육 차선 도로와 고층 아파트가 들어서 있다. 도시 풍경이라 하여도 손색없을 만큼 발전되었다. 결혼 후 가장 짧게 그 집에 살았지만, 유난히 기억과 추억이 오래 머물러 있다. 시골에 떨어져 있어 친구나 친지의 교류가 없고 도시가 주는 화려함이나 편리함도 없었다. 어쩌면 오로지 나와 가족에게만 집중할 수 있었던 때문이었을까.

여행 중에 고성을 거쳐 지나갈 때가 여러 번 있었다. 그때마다 일행이 많아서 혹은 바쁘니까 하는 마음에 지나쳐 버렸다. 살던 곳을 쳐다보며 아른한 향수에 젖기만 했다. 젊은 시절 잠시 산 곳으로, 다시 가 보고 싶다는 곳은 거기가 유일하다. 늘 숙제처럼 안고 있던 그곳을 용기 내어 방문한 것이다.

작년 문학기행으로 고성 인근을 둘러보았다. 옥천사가 포함되어 있다. 옥천사는 사찰 자체로도 유서가 깊고 아름다운 곳이다. 계곡이 시원하고 물도 넉넉하여 아이들을 데리고 한여름 더위를 피하기에 좋았다. 그때 나는 삼십 대 초반의 젊은 엄마였고 육아에 지쳐 아이들이 어서 커 주기만 학수고대했는데 그 기대는 세월이 단박에 가져다주었다. 연화산 계곡 물속에 아기를 안고 다리 담그던 새댁은 초로의 여행자가 되어 다시 돌아왔다.

가족 나들이 갔던 상족암에도 들렀다. 그곳은 공룡과 새 발자국이 남아있는 백악기 유적이다. 그때는 아이들이 어려 가기엔 다소 험하기는 했지만, 집에만 맴돌던 나에게는 공룡 발자국보다 바닷바람이 더 신났다. 암벽 사이로 보이는 절경이 아찔했던 그곳 바람은 그때나 지금이나 여전히 갯내를 싣고 삽상하게 불었다.

　작년과 올해. 기억의 언저리에 맴돌던 그곳을 다시 방문하게 되었다. 삼십 년의 시간을 서너 걸음으로 뛰어온 것 같다. 아련함 속에 묻혀 버릴 것을 추억으로 스케치하고 글이라는 색채로 풀어나간다. 감성으로 기억되던 한 폭의 그림이 마침내 완성되었다.

　나이 들수록 다시 보고픈 것, 되새기고픈 이야기가 많다. 장롱에 묵혀 있는 아끼던 옷가지처럼 간직하지도 버리지도 못하고 있다. 그것을 안고 가기엔 남은 세월이 너무 비좁다. 남길 것은 남기고 버릴 것은 과감히 잊어버린다. 추억의 옷장에는 글이 될 소재가 적지 않다. 언젠가 다시 가 보고 싶다는 생각도 문학 위에서 조우하게 되었으니 이제 그 집의 향수에서도 벗어나려 한다.

　새로운 나를 위해 문 앞에 선다. 그 집 앞에서 용감하게 초인종을 누르듯, 새로운 세상을 향해 초인종을 누른다. 오랜 망설임을 비켜두고 남은 시간 동안 기억할 그 무엇을 위해 과감히 문을 두드린다. 거기서 무엇이 나올지. 어떻게 반응할지 모르지만, 옛집 앞에서 주저하며 서성이던 내가 아니다.

　수필을 생각하면 문학의 바다가 푸르게 펼쳐지고 그림을 생각하면 갤러리의 조명이 켜지고 다도를 생각하면 차향 가득한 찻집의 문이 열릴 것이다. 나를 기다리는 곳으로 성큼 들어간다. 모름지기 발걸음은 자신을 반기는 곳으로 옮겨지거늘.

4부
결 따라 흐른다

바드리의 시계
마음 씻기
마음 말리기
시카의 뜰
결 따라 흐른다
탁란
가을은 목덜미로 온다
믿음의 바탕
노트북을 다시 열며

바드리의 시계

숨결부터 다른 동네다. 발아래 펼쳐진 들녘에는 강이 기다란 허리를 펼치며 유려히 흐르고 있다. 신작로는 가느다란 거미줄처럼 뻗어있고 드넓은 전답은 푸르르고 풍요롭다. 산허리에 있는 사찰로 이어지는 길은 녹 빛 신심으로 물들어 있다.

그 옛날 어떻게 다녔을까, 의문 날 정도로 가파르고 높다. 올라가 보니 의외로 평지고 사람이 살았던 흔적이 고스란히 남아있다. 밀양시 단장면에 있는 바드리는 과거 화전민들이 산꼭대기 근처에 자리 잡아 마을을 일군 곳이다. 아랫동네와 기온 차가 심하여 밭작물로 어렵게 생계를 이어가야 했듯이 담쟁이들도 돌담 위로 힘겹게 기어오르고 있다.

여느 시골 마을처럼 더러 빈집이 있다. 낡은 담장 너머 들여

다본 초가에는 오가는 새들만이 정적을 깨울 뿐이다. 해묵은 장독대에는 크고 작은 옹기가 고스란히 남아있고 헛간 옆 장작더미는 꽤 지난 눅진한 세월을 머금고 추레하게 쌓여있다. 부엌에는 낡고 녹슨 가마솥만이 덩그러니 놓여있다.

　방문은 힘없이 달려있고 누렇게 변한 문종이는 고양이가 발톱으로 긁어내린 듯 찢어져 있다. 마루 벽에 힘겹게 서 있는 낡은 괘종시계는 희뿌옇게 바랜 채, 두 시에 멈추어져 있다. 시계는 몇 년째 그 멈춤을 지키고 있을까. 겨울 산꼭대기에서 불어오던 찬 바람에 몸서리치던 새벽일까, 아니면 뜨거운 여름날, 매미 소리 익어가던 오후일까. 모든 것을 정답게 쳐다봐 주던 식구도 떠나가고 홀로 시간을 삼키는 시계는 태엽이 풀린 채 미동도 하지 않는다.

　오래전 어느 날 오후. 시꺼먼 가마솥 뚜껑 여는 소리가 식사 시간을 알려 주었고 식구들과 모여 앉아 이밥 대신 감자로 끼니를 해결하였다. 올망졸망 형제들과 어렵고 초라하여도 행복했던 집이다. 사람이 드나드는 집이라면 산꼭대기 마을 가파른 언덕에 자리하여도 풍요로운 장소가 된다.

　내려다보이는 산하가 호기롭다. 여물어 가는 옥수수 송이처럼 꿈을 잔뜩 머금은 들녘은 무르익을 열매를 그리며 부풀어 간다. 그때 이곳 사람들은 희망이라는 글자를 품고 한 번씩 아랫마을에 들렀을 거다. 산나물 보자기를 쥐고 산골 홍시를 그릇에 담아 일가친척을 찾았으리라.

사람이 살지 않는 집이라도 무너지지 않으면 폐가가 아니다. 무엇이라도 움직이면 살아있는 집이 된다. 이처럼 인적없는 집은 대문을 향해 귀를 연다. 낯익은 사람이든 낯선 사람이든 들어오는 기척을 느끼면 집은 몸을 일으켜 이렇게 말한다. "뉘시오." 시간이 되살아나고 수십 년 전 가족이 되살아 나는 것이다.

사람이 살아가고 정착하는 방법은 다양하다. 들에서는 곡식을 가꾸고, 바닷가에 살면 바다 양식을 찾아 거두며, 비탈진 산에서 맨손으로 나무를 일군다. 희로애락을 거름 삼아 삶의 뿌리를 내린 사람에게 무엇 하나 쉽게 이루어진 것은 없으리라. 지나고 나면 더 아름다운 것. 떠난 사람들에게는 어려웠던 시절도 서정적 상상을 통하면 행복한 기억이 되어 보상해 준다.

보수동에서 태어났지만, 어머니의 병환으로 어린 시절 가덕도 할머니 집에서 살게 된 나는 섬마을에 대한 기억이 많다. 몽돌밭을 걸을 때마다 들리던 뽀도독거리는 소리를 고향의 찬가로 여긴다. 거칠게 일렁이던 바다의 가사와 어지러울 정도로 내리쬐던 햇발의 가락이 있다. 혼자여도 씩씩한 예닐곱 살의 내가 부르는 흥얼거림도 있다. 초등학교 입학할 즈음에 떠나왔지만, 아직도 그곳은 고장을 모르는 시계가 되어 기억 속에 살아있다.

 마르크 샤갈은 고향 마을을 모티브로 많은 그림을 남겼다. 어린 시절의 샤갈은 가난하고 힘겨웠지만, 자신을 품어 준 자연과 다정한 사람들을 목가적인 풍경 속에 담았다. 푸른 하늘과 꽃, 하늘 위를 날아다니는 사람 등. 거칠고 메말랐던 환경을 동화처럼 그렸다. 가끔 내 꿈속에 가덕도의 갯내 나는 바닷가와 같이 뛰놀던 동네 아이들이 나타나기도 한다. 아마 그때 기억은 샤갈의 그림처럼 이상화된 자서전이 아닐까 한다.

 사람은 누구나 떠나온 고향을 동경하고 있다. 푸른 수평선에 피어오르던 구름송이도, 거센 바람에 부서지는 메밀꽃 파도도 여전히 기억 속에 살아있다. 산꼭대기를 거친 숨으로 뛰어오르던 소년은 기상이 풋풋한 청년이 되고, 두껍고 거친 가마솥 뚜껑 여는 소리는 굵고 낮은 첼로 연주처럼 들리며, 태엽을 풀며 느릿하게 움직이는 긴 시계추는 아기의 요람처럼 조용히 흔들린다. 오늘 이 집을 찾아온 시간도 버려진 기억의 괘종시계 속에 오래도록 간직될 것이다.

추억이라는 이름으로 흘러간 날들을 수호하고 있는 시계. 흰 얼룩 꽃이 피어나 있는 낡은 기왓장, 마당 가장자리에 함부로 놓여 있는 낡은 평상. 황폐해진 터앝. 그들 모두가 그때 멈춘 시계들이다. 바드리의 시곗바늘이 하얗게 바래어도 세월을 묵묵히 지키고 있다.

마음 씻기

 축축한 아침이다. 대지의 사물들이 조용히 엎드려 있다. 나무는 밤사이 내린 비를 뿌리로 흠뻑 들이키는 중인지, 아니면 초봄의 정기를 잎맥으로 마시려는 것인지, 잔가지의 움직임도 자제한다. 물기로 더욱 푸르러진 하루는 희망을 찾지 못한 사람에게 용기를 주는 것 같다.
 찌뿌둥하다. 몸이 이유 없이 가라앉는다. 욕실에 들어가서 뜨거운 물을 튼다. 빈 욕조에 떨어지는 물소리의 옥타브가 높다. 온수가 채워질수록 점점 두껍고 둔탁한 소리가 난다. 욕실은 순식간에 허옇고 뜨거운 입자로 가득하다. 몸을 담근다. 스르르 눈이 감기면서 입술 사이로 얕은 탄성이 새어 나온다.
 '으흐음….'

무의식이 반응하는 소리다. 몸이 철근처럼 무겁고 지하세계로 끝도 없이 끌려 내려가는 것 같다. 물에 몸을 내맡긴다. 물은 우리에게 많은 상상력을 가지게 하며 사색적인 인상을 끝없이 증식시킨다. 비커에 담긴 차가운 물이 알코올램프에 가열되듯 굳어 있던 가슴이 따뜻해진다. 몸이 말랑말랑해지고 생각의 찌꺼기가 가라앉는다.

은밀하고 깊숙한 공간이다. 불안하고 초조한 하루를 껍질 채 벗어버리고 알맹이만 남은 곳이다. 오롯이 나에게 집중할 수 있는 시간. 근심이 풀어지고 때 묻은 시간이 씻겨지는 것 같다. 수증기의 포근함에 눈이 내려 감긴다. 인큐베이터처럼 소중히 감싸지는 느낌이다. 얼마나 지났는지 모르겠다.

김 서린 거울 앞에 서 있는 여자가 뿌염해 보인다. 선명하게 살아 오지 못해서일까. 남에게 보여지는 나로 매몰되어 있지 않았나. 좋은 생각으로 채워야 나쁜 것을 골라낼 수 있다. 물이 만물을 비춰내는 거울이라면 마음의 거울은 기억이다. 기억 속에는 갖가지 상념들이 마구 흩어져 있다. 미처 정리할 틈도 없이 순간순간 채워진 이미지와 기억 시간을 하나하나 치워 나간다. 버려야 할 것이 수두룩하다.

태풍 전의 정적처럼 언제 흔들릴지 모를 정서에 기대어 있다. 적막 속에 숨어있던 자아가 떨어지는 물 한 방울에 침묵을 깨고 나온다. 의식의 밑바닥에는 힘들었던 시절이 있고 괴로웠던 시간이 있고 즐거웠던 추억이 잠겨 있다. 물로 세례함으로써 새로 태어남을 의미하는 기독교 구원 의식이 있듯이 감성의 물로 심중을 정화 시켜 오염된 자존감을 씻어내고자 한다.

  젖은 머리를 닦는다. 엉클어진 모습이 새롭게 보인다. 언제나 단정해야 하고 어디서나 바른 자세이어야 할 것 같았다. 내가 나를 옭매었다. 이제 그럴 필요가 없는 세월이 왔다. 포승자락을 풀어낸다. 긴장하며 살아온 시간도 지나고 누가 뒷담화해도 웃으며 넘길 나이가 됐다. 따뜻한 물에 몸속이 순환되듯 새로운 패러다임을 통해 마음의 순환을 추구한다.

  탈탈 털어낸다. 처진 기분이 머리에 묻은 물방울과 함께 바람에 흩어진다.

마음 말리기

　상큼한 바람이 분다. 비구름이 지나가자 언제 그랬냐는 듯 머리가 개운해지고 기분이 맑아진다. 보드라운 햇살이 시나브로 퍼지고 바람이 커튼을 흔들며 조용히 들어온다. 거실 모서리에 늘어진 스킨답서스는 양지를 향해 기어가고 다도 상 위의 찻잔은 옹글게 앉아있다.
　방 안 공기가 건조하나. 적낭한 온노와 습노의 발란스가 중요하다. 무미건조한 일상은 정신을 메마르게 하고 가슴을 팍팍하게 만든다. 진심 어린 격려와 배려 깊은 미소는 인생의 공기를 쾌적하게 하지만 감정이 깨져 있을 때는 균형잡기가 쉽지 않다. 산산하게 부는 바람으로 질퍽대는 정서가 마르기를 기다리는 수밖에.

가끔은 자신을 말릴 필요가 있다. 누추하고 구차한 생각이 든다면 생각이 축축해진 것이고 그곳에는 곰팡이가 피기 쉽다. 가슴 창을 활짝 열어 환기해야 한다. 그래야 일상의 고민을 차단하고 당당하게 헤쳐 나갈 수 있다. 나는 무엇으로 회복해 나갈까. 쇼핑일까. 여행일까. 아니면 수다스럽고 뒤탈 없는 친구를 만나는 것일까.

할머니가 명주 치마저고리 거풍하는 것을 본 적 있다. 생전에 미리 만들어 놓으면 장수한다고 하여 아버지가 지어드린 죽음 옷이다. 햇살 부드럽고 바람 고운 날 꺼내어 정성스레 펼치던 그 손길, 그 눈길…. 그때마다 당신보다 먼저 가버린 아들을 생각하며 애달픈 가슴을 말리고 있었을까. 아니면 덧없는 세월을 다듬고 있었을까. 나는 할머니의 굽은 어깨에서 느껴지는 절절함에 가까이 가지 못하고 한없이 작아진 뒷모습만 바라보고 있었다. 할머니는 그 후 삼 년을 더 사시다 돌아가셨다.

근처 오솔길로 산책을 나선다. 해갈 되지 못한 감정을 안고 배회하는 나를 바람이 감싸 안는다. 길섶 나뭇잎과 돌 틈의 꽃들이 한들거린다. 요지부동 앞만 보고 달리던 무직한 내 마음이 깃털처럼 가벼워진다. 바람결이 한결 차분하다. 누습한 기분이 목화솜처럼 부드럽고 편안해진다.

어느새 하루가 어스레해진다. 거실을 밝혀야 하지만 사방이 갑자기 노출되는 게 왠지 부담스럽다. 사무적이고 차가운 백색 형광등을 포기하고 갓을 쓴 아담한 스탠드 조명 스위치를 누른다. 노르스름한 불빛이 굳어 있던 심정을 푸근하게 만든다. 사위가 짙어질수록 불빛은 더 아늑해진다. 덤덤한 감정이 온기 가득한 공간으로 모여든다. 따뜻한 조명 하나로 심중이 말개진다.

햇살 좋은 날은 빨래를 널고 이불을 털고 습해진 정신도 건조 시킨다. 바람이 와서 수분을 걷어내고, 뽀송한 감성이 가라앉은 기분을 날려준다. 창밖에는 나무가 바람 따라 잎사귀를 이리저리 흔들며 비에 젖은 아스팔트를 말리고 있다. 몸도 마음 따라 가뜬해진다.

시카의 뜰

 투명한 동살이 나무 사이를 파고든다. 울 붉은 잎은 영근 가을을 채색하고 오종종 새들은 담청색 날개를 퍼덕이며 여기저기 기웃댄다. 공활한 계절이 잔바람을 재촉하니 저절로 옷깃이 여며진다. 티포트가 뽀얀 입김을 내자 훈훈한 차향이 코끝을 스친다. 단풍과 어우러진 갤러리 잔디 마당에는 키 크고 유니크한 작품 사이로 작은 철 조각품이 시선을 끈다.
 잿빛 화강석 위에 붉은 쇠를 담은 구조물. 용수철처럼 뒤틀린 쇠 팔뚝이 석조 위를 삼보일배하듯 기어간다. 돌과 쇠의 만남이 이렇듯 냉정할까. 차가운 돌과 날카로운 쇠는 창과 방패처럼 서로를 용납하지 않는다. 누구라도 말리고픈 심정이다. 겨울나기를 준비하는 나무도 살얼음판 같은 그들을 걱정스러운 듯 지켜본다. 울타리에 늘어선 키 작은 꽃들도 마냥 흥미로운 구경거리는 아닌 듯 바라본다. 저들의 조합은 보는 이의 가슴을 조마조마하게 만든다.

어느 날 그들 사이로 연초록 싹이 돋아 끈질기게 생명을 이어간다. 새순의 자양분은 퇴비가 아닌 무심한 세월과 무관심한 사람들의 시선이다. 돌과 쇠 사이를 파고들며 저 혼자 용을 쓰며 조각품 일부가 되었다. 하루 삶의 흔적이 인생 그림 되어가듯 자연묘목도 시간의 굴곡에 따라 뒤틀리며 자리 잡았다.

갤러리 정원 구석에 놓인 피사체는 우연히 새가 물어다 준 씨앗 하나로 새로운 예술의 움이 텄다. 쇠 작품과 자연이 혼연일체가 되어 이룬 구조물. 세월 따라 계절 따라 색과 모양이 바뀌어 갔다. 가지 하나, 바람 한 점, 햇살의 순도, 보는 이의 시선에 따라 작품의 숨소리가 달라진다.

시카 미술관을 처음 방문하게 되었다. 언제든 오라는 친구의 권유에 몇 년 만에 화답했다. 여행은 다리 떨릴 때 가는 것이 아니라 가슴이 떨릴 때 가는 것이라 하지만 특별히 계기가 없다 보니 한가한 시간이 있었음에도 엄두를 내지 못했다. 어느 날 친구의 전화에 덜컥 날짜를 잡았다.

내 젊은 시절, 경제적 대책은 없어도 꿈은 컸다. 야트막한 산을 하나 사서 그곳에 미술관과 조각품을 전시하는 야외공간을 만들고 싶었다. 가을 저녁에는 작은 음악회라도 열 수 있는 여유도 꿈꾸었다. 숲을 가꾸어 예술과 자연을 함께 즐길 수 있는 복합 문화 공간이었으면 했다. 그 야무진 희망은 다음 생에서나 기약해야 하는 몽상이 되고 말았지만 실현되지 못한 나의 꿈을 친구가 이루어 냈다.

 친구 부부는 같은 미술 전공으로 남편은 철을 소재로 작품 활동하는 조각가이며 친구인 아내는 서양화를 전공했다. 서울 근교에 미술관 터를 마련하고 여윳돈이 생길 때마다 건물 한 동씩 지어 나갔다. 십여 년 만에 살림채를 포함하여 다섯 동의 건물이 완성되었다. 가끔 친구들과 만날 때면 미술관 건립에 대한 에피소드로 밤을 지새웠다.

 미술관 건축은 극히 기술적인 부분만 전문가에게 맡겼다. 나머지는 다른 사람의 손을 빌리기 싫어하는 남편의 고집으로 친구의 막노동이 시작되었다. 흙을 나르고 시멘트를 쌓고 외벽에 페인트를 했다. 건물 공사 문제로 남편과 사사건건 부딪친 친구는 다시는 이 일을 안 하겠다며 한숨과 푸념 섞인 다짐을 하곤 했다. 미술관이란 결과물은 신진 작가의 등용 공간이 되었고, 지역 문화 예술의 거점으로 자리 잡았지만, 속으로는 부부 갈등이 점화되는 심리적 흉물이 되기도 했다.

 돌과 쇠의 대결만큼이나 서로가 서로에게 강했다. 어울리지 못하면 적이 되는 것일까. 아니면 극과 극의 만남이 이럴까. 결혼 생활에 물음표가 이어졌지만 오랜 반목의 해답은 쓴맛 매운맛에 숙성된 세월이 해결해 주었다고 믿기로 했다. 조각품 틈 사이로 자생묘가 자리 잡듯, 둘의 불협화음 같은 사이에도 뗄 수 없는 인연이 뒤엉켜 있다. 날카롭기만 하던 대립각이 점점 무디어져 가고 친구도 이제 '그러려니'하며 남편을 쳐다보면 이해 못할 것도 없다고 한다.

 미술관에는 할 일이 태산이라 다듬어야 할 구석도 많고, 수선해야 할 부분도 생각지 않게 튀어나온다고 하소연한다. 힘들어도 개척자 같은 강인함으로 가꾸어 나가는 친구에겐 포기란 없다. 불같은 열정으로 하루하루를 녹여내는 친구와 쇠로 자신의 철학을 표현하는 남편 사이에는 살아 숨 쉬는 생명의 나무가 있다. 돌과 쇠 사이를 파고든 나무가 또 하나의 조각품을 완성 시켰다. 인간이 표현하지 못한 명작이 탄생한 것이다.

 마당과 전시실에는 남편의 조각품이 전시되어 있고 실내 벽면에도 그의 평면 작품이 걸려있다. 친구의 그림은 어디에도 없다. 내조하느라 작품 활동을 애초부터 접었기 때문이다. 남편은 조각가로서의 위치를 굳건히 하였지만, 친구는 오롯이 뒷바라지에만 전념했다. 마당을 지키며 서 있는 철 구조물처럼 묵묵히 미술관을 지키고 있다.

해거름 녘, 가을 하루가 그림자를 남기며 기운다. 나무도 점점 긴 그늘을 드리운다. 종일 서 있던 조각품들도 짧은 햇살을 받으며 땅 위에서 쉰다. 시카의 뜰에는 친구의 허스토리 herstory가 조각품이 되어 누워있다. 치열했던 나날도 지나고 서로의 고통이 차츰 둔해져 가는 즈음, 은빛으로 물들어 가는 그녀의 머리 위에 엷은 석양빛이 붉게 흔들리고 있다.

결 따라 흐른다

 푸름이 가득한 공간이다. 그림을 보고 있는 관람객의 시선은 온통 제주도의 싱그러운 바다와 둘레길에 머물러 있다. 조각구름 사이로 포실하게 내려오는 햇발과 오름에서 불어오는 시원한 바람이 느껴진다. 내 마음도 하늘거리는 시폰 머플러처럼 가벼워진다. 푸른 빛이 비처럼 내리는 공간, 촉촉한 가을 향기가 되어 보는 이의 가슴을 설레게 한다.
 아는 문인에게 안부 카톡 했더니 그녀 아들의 그림 전시장에 있다고 한다. 아들은 서양화가로 화단에 꽤 알려진 중견작가다. 오늘이 전시회 마지막 날이라 작품 철수를 돕기 위해 와 있단다. 늦었지만 가봐야겠다는 생각이 들어 급하게 집을 나섰다.

오랜만에 그림 속에 앉아있는 것이 행복했다. 보는 내내 마음이 평온해지는 느낌이 든다. 서양화를 전공했지만, 화가가 되지 못했다. 화가로서의 재능을 스스로 판단해 버려서인가. 졸업 후 선후배들과 하는 그룹전에 몇 번 출품은 했지만 그림에 대해 딱히 미련이 없었다.

전시 끝나는 날이라 그런지 조용하다. 여유롭게 차를 마시며 이야기를 나누던 중, 옆 전시장에 말거리가 옮겨졌다. 부산의 대표적 판화가의 작품전이라 한다. 화가의 이름을 듣는 순간 희미해져 버린 날들이 되살아났다.

어렴풋이 떠오르는 얼굴. 삼십여 년 전 같이 근무하던 동료다. 그는 매사에 역동적이며 활달한 성격이었고 나는 첫 직장이라 모든 게 조심스러운 새내기였다. 같은 과목이라 이런저런 일로 의논할 일이 많았는데 생각이 일치할 때도 있었지만 이견도 없지 않았다. 그래도 얼굴 붉히지 않고 웃으며 조율했다. 삼 년의 인연을 뒤로하고 다른 학교로 흩어졌지만, 지나간 일들이 떠오르자 만나고 싶어졌다.

잠시 후, 자리를 비웠던 그가 오는 것을 보고 뒤따라 들어갔다. 낯선 여자의 인사에 엉거주춤 답례한다. 나를 알아보는지 뜸을 들였지만 긴가민가하는 표정이다. 당황해하는 모습에 먼저 말을 꺼냈다.

"그때 그곳에서….".

 그제야 얼굴이 확 밝아 온다. 추억을 공유하는 사람이 있다는 사실에 살짝 흥분된다. 옛 시절로 거슬러 올라가서 젊었던 그를 바라본다. 열정적인 화가로 자기의 일에 확고한 신념이 있는 남자였다. 그는 나에 대해 긴 트렌치코트를 입고 걸어가던 모습을 오래 기억한다고 했다. 아마 늦가을 때쯤의 모습이었나 보다. 이런저런 추억거리를 나누던 그가 뜻밖의 고백을 한다.

 "마음이 설레었는데….".

 가슴에 묻어 둔 이야기를 담담하게 꺼낸다. 두근거리거나 부끄럽지도 않았다. 감정이 무뎌졌기 때문일까. 그때 느끼지 못했던 그의 시선이 오랜 시간 흘러서 이제야 도착했다.

 "진즉에 얘기하시지….".

 웃으며 넘겼다. 지금 그런 말을 들을 일이 있다는 게 신기할 뿐이다. 밋밋하게 반응했지만, 감정 저편에 한줄기 결이 남는다.

 결은 정서적 공감이 그린 그림이다. 바닷물이 태양과 바람으로 소금 결정체가 되듯, 뜨거운 감성과 진지한 시선이 세월 지나면서 마음의 결로 만들어진다. 소나무껍질처럼 거친 무늬도 있고 새의 깃털처럼 부드러운 켜도 있다. 시간의 흐름에 따라 굽이굽이 살아오며 걸었던 발자국이다. 사람들은 자신을 지키며 삶의 결을 채색한다.

그는 전시 중인 작품에 대해 친절하게 배경 설명한다. '어느 구름에 비가 들어있는지 모른다.' 친구들과 모임 중 언뜻 들리는 그 말에 그림 주제가 떠올랐다고 한다. 일상적인 비유였지만 귀에 확 꽂혔다. 구름 속의 비가 되어 세상 곳곳에 낙하하며 갖가지 색과 사연과 결을 담아낸다. 그렇게 해서 빗방울 연작이 탄생 되었다고 한다.

예술적 감각은 문학에서도 필요하다. 늘 듣던 소리나 단어가 어느 날 새롭게 느껴지기도 한다. 개인의 감성이나 무생물의 시각으로 펼쳐지는 갖가지 사연들을 자신만이 갖는 독특한 의미와 색다른 시점으로 표현한다. 미술이 시각적, 조형적 감각으로 묘사된다면, 글은 체험한 것을 자신만의 언어로 서술한다. 나는 어떤 시선으로 세상을 바라보고 있을까.

근황을 물어온다. 그림이 아니라 글을 쓰고 있다고 하니 의아한 표정을 짓는다. 그도 살아 온 색깔 따라 그림이 변화되어 가듯 내가 하고 싶은 것, 보고 싶은 곳으로 인연 따라 흐르는 데로 왔다. 나무도 제각각 나이테가 다르고 돌에도 세월 따라 결이 다양해지듯, 내 결대로 여기까지 온 것이다.

지금까지 헤아릴 수 없는 많은 고비를 거쳤다. 이리저리 휘둘리기도 하고 우불꾸불 휘돌기도 했다. 힘겨운 나날에 주저앉아 제 자리에 맴돌기만 하던 시간도 있다. 부여잡고 흘러온 세월이 나를 그려낸다.

우리는 결 따라 흐르고 있다. 물결일 수도 있고 바람결일 수도 있다. 그것을 숨결이라 불러도 좋다. 마음 따라 갖가지 결이 되어 어룽진다. 어떤 이는 물빛으로 어떤 이는 달빛으로 어떤 이는 사막 모래 결 무늬로 나타낸다. 켜켜이 눌린 흙이 시간의 문양을 그리듯 세월이 녹은 자리에 결이 만들어진다.

관람객이 문을 열고 들어서자 잠시 이야기가 끊겼다. 아는 손님인지 자리에서 일어선다. 잠깐의 만남이지만 그는 세월 저편에 잊고 있었던 내 젊은 시절의 한 장면을 채워주었다. 되돌아갈 수 없는 시간을 오래된 사진첩 꺼내 보듯 추억한다. 누군가는 살아 온 결대로 그림을 그리고 또 누군가는 살아 온 자취를 글로 그린다.

나는 목례하고 전시장을 나왔다.

탁란

 기차가 속도를 줄이자 차창 밖의 풍경이 천천히 다가온다. 턱을 괴고 앉아있은 그녀의 옆 모습이 석양의 붉은빛을 받아 도화처럼 곱다. 꿈꾸듯 그윽한 눈매는 아련해 보이고 우윳빛 뽀얀 얼굴은 한 송이 목련 같다. 기차는 낮고 날카로운 기계음을 내며 경유역에 잠시 정차한다. 승객들이 분주히 오가고 잠시 후 다시 움직이기 시작한다.

 그때 옆 빈자리에 젊은 남자가 제 좌석인 듯 앉는다. 출장 가는 중이라고 묻지도 않는 말을 하더니 이것저것 물어보기도 한다. 나른한 몸이 더 피곤해지는 것 같다. 언뜻 보니 유순해 보이고 젊잖은 인상이라 그나마 마음이 놓인다. 종착역이 다가오자 차 한잔하고 싶다는 그의 제안이 왔다. 그녀는 늦은 밤이라는 핑계를 대며 며칠 뒤로 미루고 헤어졌다. 물론 완곡한 거절의 방법이었다.

약속 날짜가 다가오자 안절부절 마음이 요동친다. 지나가듯 어설피 한 약속이라 그 남자가 나와 있을지 모르지만, 뭔가에 홀린 듯 만나야겠다는 생각이 강하게 들었다. 누가 등을 떠민 듯 황급히 나갔다. 삼 십여 분 늦게 도착했지만 남자는 약속 장소에 끈기 있게 기다리고 있었다. 미안한 마음에 다가가 살며시 웃음을 보이니 그도 반색한다.

점심 데이트가 저녁까지 이어졌다. 바닷가를 거닐며 남자는 자신의 이야기를 했다. 이름과 고향, 현재 직업 등 성실한 직장인의 모습을 보여주었다. 그와 함께 바라보는 바다 노을은 금빛 너울을 타고 그녀의 가슴에 진홍빛으로 물들었다. 주량이 한두 잔이지만 그날따라 잘 들어갔다. 취기가 온다. 그리고 밤을 같이 보냈다.

그녀는 유부녀였다. 이른 나이에 결혼한 남편이 군대에 입대해 있는 동안 시댁과 친정을 오가며 며느리로서 역할을 충실히 했다. 전방 가까이에 근무하는 남편을 면회하러 갔다. 고단한 신병 생활로 얼굴은 검게 타고 군기는 바짝 들어 있었지만, 그녀를 보자 환히 풀린다. 아내가 왔으니 일박이일의 면회가 허락되었다. 그날 밤, 오랜만에 남편과 잠자리를 함께했다.

면회를 마치고 내려오는 기차 안에서 그 남자를 만났다. 그 날 데이트 이후 그와는 소식이 끊겼다. 세월이 흘러 그녀는 아들 둘을 두었다. 특히 시어머니의 큰손자 사랑은 차고도 넘쳤다. 아들도 잘 자라 주었다. 학교에 입학해서는 영재 소리를 들으며 집안의 자랑거리가 되었다.

중학교에 진학하였다. 어느 날 큰아들이 혈액형 검사를 했다고 검사 결과를 보여주었다. 그런데 아무리 따져 봐도 남편과 자신 사이에 나올 수 없는 혈액형이다. 그때 무엇인가 머리에 스치는 게 있었다. 가슴이 툭 떨어졌다.

설마···.

두 아들을 데리고 다시 검사했다. 큰아들은 역시 그 전과 똑같이 나왔고 작은아들은 남편과 사이의 정상적인 혈액형이다. 남편이 알게 되어 불화가 극심해지고 시댁 식구들도 눈치를 채게 되었다. 유달리 맏손자를 아꼈던 시어머니는 충격으로 쓰러졌다.

이혼 후, 어렵게 생활하며 아들을 서울에 있는 유명 대학에 보냈다. 그녀의 경제적 여건으로는 더는 감당하기 힘들어졌다. 아들의 친아버지를 찾기로 했다. 알고 있는 건 이름과 고향뿐이지만 각 정보망을 통해 그 남자를 찾았다. 그는 지방 도시에 살고 있으며 제법 규모가 큰 사업체를 운영하는 성공한 사업가가 되어 있었다. 유전자 검사 결과 그가 생부였다.

　이혼의 충격과 혼자서 아들 뒷바라지하느라 온몸이 세월의 멍으로 상처가 깊어졌다. 아들은 엄마를 이해한다면서도 자신에게 주어진 상황이 부담스럽고 민망하기만 했다. 전후 사정을 들은 남자는 아들을 데려가겠다고 했고 아들은 도덕적 당혹감에 정신적으로 지친 어머니를 떠나 생부 곁으로 갔다.

　뻐꾸기는 다른 새의 둥지에 알을 낳는다. 알에서 깬 새끼는 탁모가 물어다 주는 먹이를 먹고 자라지만 성체가 되고 나면 친부모를 따라 미련 없이 날아가 버린다. 자신의 자식이라고 믿고 키운 새끼가 사라지고 없을 때의 황당함과 빈 둥지의 허전함에 탁모의 마음은 얼마나 아팠을지. 이별이 예고된 인연이라는걸, 엮이지 못하는 사이라는 걸 그제야 알았을까.

　우리는 사회적 약속으로 성과 도덕이라는 장르에 얽매여 있다. 결혼의 관습과 제도를 탓하려는 것은 아니다. 누가 그녀에게 손가락질할 것인가. 인연이 있어 그 남자를 만나 아들을 낳았고, 인연이 다하여 키워 보냈다. 그 후 그녀는 은둔의 시간 속에 살고 있다. 어쩌면 불가에서 말하는 업장 소멸의 길을 걷고 있는 것은 아닐까. 전생에서 말과 행동과 마음으로 지은 죄를 씻기 위한 한 편의 드라마가 아닐는지.

　아들을 보낸 그녀는 말 없는 질타와 보이지 않는 눈총으로 편히 쉬지 못하였다. 아들의 결혼 소식에 먼 곳을 지나는 구름 인양 바라만 보고 있다. 삶이 아무리 순탄하여도 평안하다고 느끼지 않는다. 우여곡절이 많은 삶이라면 더더욱 힘들다. 전생의 업을 따지지 않더라도 이 생생에는 업이 쌓인다. 너무 큰 대가를 치렀던 그녀의 굴곡진 삶이 평안하게 갈무리되길 기원한다.

가을은 목덜미로 온다

   맹렬한 더위다. 몸에 걸친 얇디얇은 실내복조차 짜증스러울 만큼 덥다. 머리카락을 팽팽하게 당겨 집게 핀으로 꽉 잡아 정수리에 꽂는다. 그것도 모자라 실핀으로 흐르는 잔머리를 고정하여 한 치의 흐트러짐도 없게 한다. 오늘 하루가 조금은 산뜻하게 출발하는 것 같다.

   칠월칠석이 지나면 무더위가 어느 정도 가라앉으려나 했더니 섣부른 기대였다. 아직도 펄펄 끓는 가마솥더위다. 오매불망 며칠 참고 기다리니 목덜미로 선선한 하늬바람이 불어와 내 머리카락 한 올을 목뒤로 슬며시 늘어뜨리고 지나간다. 여름이 서서히 이별 준비한다.

   아들의 결혼 날짜가 다가온다. 요즘은 우리가 결혼할 때처럼 어머니나 숙모들이 나서지 않는다. 결혼 연령도 높아졌고 정보도 빨라져 우리 세대가 조언해 줄 일이 별로 없다. 팔 개월 전 혼인 날짜를 잡을 때 만해도 아득히 먼 날인 것 같았는데 벌써 코앞이다. 반가운데 무언가 얼떨떨하다.

결혼 날짜와 예식장 등 모든 절차를 아들과 제 피앙세가 정한다. 토, 일 중 두 사람의 스케줄이 없는 편한 날짜가 길일이다. 우리에겐 그냥 통보다. 좋을 대로 하라는 말밖에 할 게 없다. 둘의 결정에 따라 의식을 축소하고 여분의 돈과 예단비용은 모두 신혼집에 올인한다. 젊은 층의 주택 구매는 부모의 힘을 빌리지 않으면 웬만해선 힘든 시대다.

아들과 통화는 오 분이면 길다. 그런데 예비 며느리와 첫 통화에서 삼십 분 넘겨 이야기했다. 티키타카가 잘 되는 느낌이다. 아들에게 미처 듣지 못한 결혼 예식 정보 등, 시시콜콜하고 아기자기한 이야기를 나눴다. 뭔가 속이 뚫리는 느낌이 들었다. 후련했다. 아들은 두 번 물으면 짜증부터 낸다. 물론 아들이라고 다 그렇지는 않을 것이다. 그래도 딸 가진 부모가 새삼 부러웠다.

혼자 있을 때 에어컨 켜는 게 아까워 덥고 습해도 참고 선풍기만 열일 시키고 있다. 그런데 앞뒤 베란다 문으로 맞 바람이 불기 시작하고 저녁에는 바람결이 한결 산뜻해졌다. 백 년 만의 최장 열대야라더니 그래도 가을이 오긴 오나 보다.

  세상에 영원한 것은 없다. 나달이 지나면 자연도, 사람도, 상처도 무디어지고 순응하는 법. 무더위에 지쳐도 다가올 가을은 분명 화려할 것이다.

  여름 끝자락에 아들이 결혼한다. 늦었지만 시큰둥하던 아들이 결혼을 결심하니 어미인 나로서는 밀린 숙제 하나가 해결된 셈이다. 여름과 작별하듯 아들과 정서적으로 이별하고자 한다. 상쾌한 가을바람 기다리듯 빈방의 속 시원함도 느껴 볼 참이다.

  상큼한 바람이 목덜미를 솔솔 간지럽힌다. 자식 낳고 짝 지워 보내니 할 일을 다 한 것 같아 이보다 후련한 일이 있을까 싶다. 이제 내 아들이 아니고 며느리의 남편이다.

  가을이여, 어서 오라. 빈둥지 증후군이여, 어서 오라. 홀가분한 바람은 어떤 바람인지 빨리 맞아 보고 싶구나.

믿음의 바탕

 아들이 보이지 않는다. 목청껏 불러도 대답이 없고 아무리 둘러봐도 행방이 묘연하다. 눈앞이 깜깜하고 사방도 깜깜하다. 대형 스피커에서 나오는 음악 소리와 급히 움직이는 사람들의 소음에 더욱 정신이 없다. 이리저리 뛰는 무리를 헤치고 마지막 같이 있었던 곳을 향해 거슬러 달려갔다.
 초등학생이던 두 아들을 데리고 대전 엑스포에 갔을 때다. 종일 기념관을 돌고 나니 어둑해졌다. 그때 음악 소리가 크게 들리기 시작하자 사람들이 갑자기 개천가 쪽으로 뛰기 시작한다. 분수를 쏘아 올려 영상을 비추는, 그때 만해도 획기적인 프로젝트였다. 작은아들 손잡고 사람들 따라 바삐 뛰었고 초등학교 사학년인 큰아들은 내 뒤를 따라왔다. 이상한 예감에 뒤돌아보니 큰아들이 보이지 않는다. 심장이 떨어지듯 했다.

얼마 후, 사람들이 썰물처럼 빠지고 나서야 저 멀리서 다급히 나를 찾는 소리가 들린다. 아들은 헤어진 그 자리에 있으면 분명히 엄마가 자신을 찾으러 올 거라는 생각이 들었다 한다. 어미를 믿고 있었다니 대견함과 동시에 무거운 책임감이 들기도 했다.

믿어 주는 것처럼 행복한 것이 어디 있으랴. 신앙도 마찬가지이지만 사람 사이에 믿음은 어떤 일이 있어도 깨지 말아야 한다. 물론 살다 보면 의도치 않게 저버리는 경우도 종종 생긴다. 그럴 때 사람들은 자신을 합리화 시킨다. 헤어지는 책임을 상대에게 전가 시키기도 한다. 신뢰가 헌신짝이 되어 버린 것이다.

군대 간 아들을 면회하러 가는 길이었다. 직행으로 가는 버스가 없어 포항에서 갈아타려고 정류장에 잠시 기다리고 있었다. 대여섯 살쯤 되어 보이는 남자아이가 대합실 구석에 혼자 앉아서 울고 있다. 미아 발생 방송하여도 보호자는 나타나지 않았다. 혹시 아이의 인적 사항이 있을까 하여 어깨에 멘 가방을 열어 보니 과자만 가득 들어 있다. 아들을 두고 떠난 보호자의 마지막 선물 같았다. 울고 있는 아이가 측은하여 한참 바라보다 갈아탈 버스가 들어와 자리에서 일어섰다.

믿음의 바탕

가는 내내 그 아이가 마음에 계속 애잔하게 남았다. 어떤 엄마는 스무 살 넘은 군인 아들을 만나기 위해 꼭두새벽 집을 나섰는데 어떤 엄마는 무슨 사정인지는 몰라도 어린 아들을 버리고 자취를 감추었다. 부모를 철석같이 믿고 따라나섰을 텐데 아이에겐 청천벽력과도 같았을 것이다. 여섯 살 인생에 가장 크고 중요한 믿음이 깨지는 순간이다.

버릴 수밖에 없는 사정이야 구구절절하지만 아이는 평생 내 상을 입고 지낼 것이며 누구의 말도 믿지 않을 거다. 그 아이가 부모를 이해하고 용서할 때까지 얼마나 많은 세월이 지나야 할까. 큰 상처가 되지 않고 잘 이겨내 주기를 기도했다.

믿음을 준다는 것은 시간을 요구한다. 크든 작든 지킬 수 있는 약속을 해야 하고 자신 없는 약속은 하지 말아야 한다. 세월이 흘러도 신뢰 관계는 뇌리에 박혀 죽을 때까지 간다. 믿는 마음은 잔잔한 호수처럼 평화로우나 깨지는 순간은 급류에 휩쓸리는 듯 혼돈이 오는 것이다. 믿음이 허물어진다고 생각될 때가 종종 있지만 상대가 주는 신뢰 부족이라기보다 자신의 믿음이 약해져서 흔들려 보이는 게다. 지나 보면 별것 아닌 것도 그때는 심각한 마음의 틈에 빠지는 느낌이 든다.

보통의 인간은 실패와 시행착오를 겪으면서 자신을 다듬어 간다. 누군가에게는 허술하고 약점이 많은 사람으로 보일 수도 있다. 문제는 자신을 믿고 나갈 때 공감받는 것이 아니겠는가. 인정에 급급하기보다 스스로 믿어 주고 있을 때만이 무너지지 않는다.

가끔은 믿는 도끼에 발등을 찍히기도 한다. 사람과의 교류가 많을수록 그런 일들이 생겨난다. 타인에 의해 피해당했다고 생각하지만 가끔은 제 발등을 찍는 일도 있다. 누구를 원망할 수도 없다. 자신의 결정에 스스로 올무를 걸은 거다.

살면서 내가 했던 일이나 말이 실수가 되어 부메랑처럼 돌아오기도 한다. 후회하고 한탄도 했지만 지금 생각해 보면 그 또한 '나'가 아닌가. 이제는 후회보다 나를 믿기로 한다. 이 세상에 내가 나를 믿지 않으면 누가 나를 믿겠는가. 나답게 살아가는 것이 가장 정답에 가깝다고 생각된다.

자기에 대한 확신이 있을 때만이 무너지지 않는다. 그 순간을 위해 마음을 단련한다. 외부 자극에 흔들리지 않는 심리적 근육을 만들어 나간다. 스스로 믿음식한 넥스트가 되기 위해 마음을 다듬는다. 작은 것부터 시작한다. 먼저 자신과의 약속부터 실천한다.

눈을 뜨면 밤새 굳었던 신체를 요가로 풀기 시작한다. 매일 아침 삼십 분의 시간을 몸에 투자하기로 했다. 오 년째 그 약속을 지키고 있다. 몸은 나를 신뢰하고 맑은 정신과 건강을 믿음의 증표로 되돌려 줄 것이다.

　어떤 일이든 단번에 이루어지지 않는다. 차곡차곡 신뢰가 쌓여 그 열매가 맺어진다. 하나하나가 엮어져서 굳건한 밧줄이 되고 믿음의 바탕으로 짜여지는 것이다.

노트북을 다시 열며

끝났다. 몇 달 동안 매달려 왔던 일이 어느새 지나갔다. 무거운 짐에서 벗어났지만, 한쪽 팔에 얹혔던 묵직한 책의 여운이 여전히 남아있다. 내 몸의 일부가 되었던 그 무게가 일순간 떠나가니 허탈이 온다. 가슴이 뚫린 것 같고 글에 대한 의욕도 불시에 가라앉는다. 쫓기듯 책을 만들던 모든 게 어설펐다는 걸 알게 되었다. 첫 출간 후의 내가 한동안 낯설었다.

네모난 책의 형식에 갇혀 있는 느낌이 들었다. 출판의 규칙이 주는 속박에 날마다 마음이 쪼여 왔다. 추억과 감성과 오감을 그린 글이 직각의 기계 속에 찍혀 나왔다. 한치의 곡선도 용납하지 않는 직선이 내 앞에서 직립했다. 그 직선은 나를 가둔 철창이었다. 높은 벽이 되고 깊은 산이 되었다. 다시는 넘지 못할 사선처럼 보인다. 난감하다.

　나에게 두어 달 방학을 주었다. 근처 바닷가를 걷기도 하고 청도에 있는 친구네 집에 며칠 유숙도 한다. 노트북은 보이지 않게 구석으로 치워 버린다. 글에 대한 갈증도 잠시 비켜둔다. 과연 내가 다시 쓸 수 있을까 하는 무력감과 불안만 생긴다.

　후유증처럼 육체적 정신적으로 가라앉는다. 이때는 자신의 상태를 인정하고 휴식하는 방법이 적절하다. 슬럼프는 미래를 위한 숨 고르기라 한다. 안식년을 보낸 직장인처럼, 동안거를 거친 수도승처럼 다시 일어설 발판이 되어 줄 거라고 믿는다. 그때 경쟁하고 과욕 부리고 몸을 허투루 쓰면 부진의 늪에서 빠져나올 수 없다. 마냥 주저앉아 있을 수 없으므로 헤쳐 나갈 나만의 루틴이 필요하다.

　학교에서 강의할 때였다. 학생들은 학과의 특성상 음악 미술 방면의 예능과목을 이수해야 하지만 골고루 다 잘할 수 없다. 그렇다고 미술 전공이 아닌 학생에게 실기 능력을 강요하기 어렵다. 미술 수업에 낙담하는 학생에게 좋은 방법이 있다고 알려주면 학생들의 눈빛이 기대감으로 빛난다.

　그림을 잘 그릴 수는 없지만, 많이 볼수록 그림에 대한 기호가 생기고 판단도 생긴다. 화집이 있다면 책 속의 그림도 좋고 미술 전시회에 가서 감상하는 방법도 좋다. 많이 볼수록 안목이 높아지며 자기만의 관점에서 보는 훈련도 중요하다고 했다.

  그림이 잘 안되면 그림을 감상하듯 글이 잘 풀리지 않는다면 다양한 책을 읽도록 한다. 단어 선택이나 문장 구성력이 탁월한 다른 작가의 글을 보며 그렇지 못한 자신에게 실망하곤 했다. 그럴 때일수록 초심이 중요하다. 다양한 분야의 글을 습득하는 것이다. 예술 관련 전문 잡지나 코레일에 꽂혀 있는 여행잡지도 좋다. 음식 관련 리포트도 기발한 착상을 떠올려 준다. 학생들에게 했던 이런저런 말을 되새기며 스스로 다독이고 용기를 얻는다.

  읽고 또 읽고 생각하고 또 생각하며 하루를 보낸다. 명상으로 마음을 바꾼다. 마음을 바꾸면 가야 할 길이 보인다. 책 속에도 있고 낯선 여행지에도 있다. 친구들과 나누는 차 한잔에서 길은 나온다. 허름한 골목 버려진 가구 속에도 길이 놓여 있다. 낮에도 횃불을 들고 다니는 성자처럼 영성의 길을 찾는 것이다.

  창작에서 오는 불안이 단박에 떨쳐 지지 않겠지만 이겨내 보자. 힘들지만 즐기기로 한다. 끝은 반드시 있고 끝나고 나면 한층 성숙해질 것이다. 원석이 보석으로 빛나려면 단련과 연단을 지나야 한다.

출간 뒤에 느꼈던 우울감도 떨쳐낸다. 다 풀어내면 시원할 줄 알았다. 모든 것을 던져버린 빈 몸에 대한 연민. 아물지 못한 곳에 소금을 뿌린 듯한 속내가 부끄러웠다. 감내하기 버거웠던 마음을 앙금 가라앉히듯 천천히 앉힌다. 가을 나무가 겨울을 보내기 위해 떨켜를 만들고 잎들을 떨쳐내듯.

다시 시작한다. '다시'라는 단어의 밑바닥에는 상실과 고통이 있다. 그 상처를 극복하기 위해서는 힘들었던 일을 훌훌 털고 헝클어진 마음을 다잡아야 한다. 황막한 들판에서 재기를 다짐하는 '바람과 함께 사라지다' 여주인공 스칼렛 오하라처럼 말이다.

다시 시작하기 위해 집중한다. 앙다문 입술에 다짐이 배어 있다. 한 계단 오르는 발걸음에 힘을 모은다. 메모해두었던 단어들이 실마리 풀리듯 풀려나가기 시작한다. 단어 하나가 자라서 무의식 속에 숨어 있던 자아를 끌어 올려 준다. 그것이 언젠가 한그루 우뚝 선 나무가 될 것이다. 끝을 보려면 치열하게 글과 뒤엉켜야 한다.

노트북을 연다. 새로운 내가 노트북의 검은 창에 비친다.

부록
평으로 읽는 나의 글

주체로서의 인간 : 행위의 인식과 인식의 행위
— 애상哀想

서사 속의 캐릭터 : 우아하고 균형있는 애닳픈 초상들
— 풀빛 원피스

수필의 항로 : 자기 정화에서 영성적 고백으로
— 가을, 소리에 젖다

주체로서의 인간 : 행위의 인식과 인식의 행위

박양근(문학평론가, 부경대 명예교수)

조향미의 애상哀想

인간에 대한 재인식과 재발견은 역사적으로 르네상스 시대부터 비롯된다. 재생과 부활을 의미하는 르네상스는 중세와 근대 사이에 일어난 문화 창신 운동으로 그리스, 로마의 인간 중심 정신을 부흥시키려 하였다. 프랑스 시인 볼테르가 르네상스를 이성을 해방 시킨 시대로 지칭하였듯이 신의 권위 대신에 인간의 존재를 존중한 과도기였다. 이성은 물론 감정과 욕망과 인식력을 인간 주체의 동력으로 삼음으로써 인간과 자연을 재발견하는 시대로 삼았다.

르네상스의 철학과 문학은 그리스, 로마 고전을 복원하고 인간의 다양한 문제의식을 점검하는데 주안점을 두었다. 고전을 텍스트로 삼았다. 세속적 관심에 주목하고 신의 권위에 가려졌던 인간의 의식과 무의식에서 비롯하는 행동을 끌어냈다. 철학과 문학은 마치 형제처럼 인간 존재를 새롭게 이해하고 설명하는데 협조하였다.

'인간이 주체다'는 문제를 박홍식은 〈르네상스 철학의 존재론과 인식론〉에서 '구원 주체로서 인간, 욕망 주체로서 인간, 그리고 인식과 행위 주체로서의 인간'으로 나누었다. 이런 생각은 르네상스적인 인간이 무엇인가를 밝힌 주장의 하나로서 인간이 살아가면서 의식하는 자아와 타자, 자유와 구속, 육체와 정신, 죄와 벌, 상처와 힐링 등으로 오늘의 문학 용어가 생겨난 시점을 살피고 있다.

구원 주체로서의 인간관을 정립한 선구적 문학가라면 누구나 단테를 호명한다. 그는 기독교 세계관을 바탕으로 한 《신곡》에서 인간의 자유의지와 사랑으로 이루어진 구원을 찾아낸다. 주인공 단테는 지옥 연옥 천국을 차례로 방문하면서 마침내 평생의 연인 베아트리체의 사랑으로 구원받는 과정을 풀어냈다. 여성의 사랑으로 구원받는 모티브를 세웠다. 보카치오가 발표한 《데카메론》은 육체와 욕망을 이야기하는 시대를 개막했다. "10일 동안의 이야기"는 흑사병을 피해 교외의 별장에 머물고 있는 남녀 10명이 풍자적인 스토리텔링으로 풀어낸 인간의 갖가지 욕망을 모은 컬렉션으로써 르네상스다운 애욕을 표현하여 인간의 본성과 육체를 수용하는 문학의 길을 펼쳤다.

하지만 가장 중요한 르네상스적 욕망이라면 인간답게 만든 인식일 것이다. 인간을 인식과 행위 주체로 간주하여 누가 더 '나'를 진실하게 등장시키는가라는 문제를 제기하였다. 몽테뉴의 《수상록》이 세 번째 예로써 신의 손과 눈이 아니라 인간 내면을 인식하자는 주의를 내세웠다. 문학이 자연과 신을 다루지만, 궁극적 대상은 인간 자신이라는 것이다.

이후 문학은 인간을 구원과 욕망과 인식의 주체로 인식하게 되었다. 수필도 어떤 소재를 가져오더라도 인간을 전인적으로 다루고 나에 대해 말하기 마련이다. 《신곡》을 '신곡'으로 《데카메론》을 인곡人曲으로 부르고 수상록을 '나의 노래我曲'로 간주한다면 수필가는 나의 글의 바탕이 어떤 상관성이 있는가를 살펴보면 도움이 된다. 인간의 자유, 의지, 사랑, 운명이 지닌 존엄성은 물론 죽음조차 위대한 과정임을 인식하는 주체를 설정할 때 '인간으로서 나를 말한다'라는 수필의 본질을 지킬 수 있다.

조향미의 애상〈哀想〉

인간은 감정의 동물이다. 오감과 언어를 통해 일상적인 감정을 표현하지만, 사람은 자기의 행동과 인식에 특별한 감정을 지닌다. 다른 사람에게는 사소할지 모르지만, 본인에게는 매우 의미 있는 감정이어서 어떤 순간을 맞이하면 감정이 저절로 솟아오른다. 어찌 보면 인간은 행동보다는 감정의 동물이라는 것이 더 적절한 정의일 것이다.

감정과 행동은 불가분의 관계를 이룬다. 즐거운 일을 하면 기쁨이, 억울한 일을 당하면 슬픔이 생겨난다. 구원받고 사랑받고 싶은 감정이야말로 행동과 인식 간의 상관성을 파악할 수 있는 좋은 순간일 것이다.

조향미는 감정과 행동을 일으키는 중심이 있다고 믿는다. 실제 연극이나 영화뿐 아니라 현실에서도 주인공의 삶은 시간과 공간에서 펼쳐진다. 사건이나 사람을 기억하려면 배경 설정이 필요하다. 기억할만한 사건일 경우 배경은 더욱 중요시된다. 먼저 설정되는 것이 장소이며 시간조차 공간을 통해 의식한다. 이처럼 장소는 행위의 무대이며 과거를 떠올려 주는 공간이다.

어촌 마을은 일 년 내내 뜻하지 않는 사건이 불시에 일어난다. 바다로 둘러싸인 섬사람들에게 삶이란 생사뿐이다. 고기를 잡아 살아야 하므로 바다에 제 핏줄을 바친다. 태풍과 거센 파도에 배가 난파하면 동생이, 아들이, 남편이 죽는다. 여자들도 전복을 따다가 바다에 빠져 죽고 썰물에 떠내려가 죽기도 한다. 그래도 그들은 슬픔에 잠겨 있을 수 없다. 다시 바다로 나가야 한다. 그 고된 애환을 보듬어주는 곳이 해신당이다. 그곳에는 섬사람들의 눈물과 통증이 있다.

어촌 마을은 어머니에 대한 인식이 모인 무대다. 어머니는 어촌 사람들의 삶이 바다와 불가분의 관계를 맺는 것과 달리 바닷가에서 태어났지만 병약하여 바다 여인이 되지 못하였다. 그럼에도 불구하고 작가는 바다를 통해 어머니를 기억한다. 그녀는 자신과 어머니를 잇기 위하여 사물을 떠올리고 그 사물을 바다와 연관 지어 자신의 인식계를 이끌어간다.

그녀가 가족을 인식하는 방식도 마찬가지다. 할머니를 비녀로, 아버지를 낡은 책으로 기억하는 그녀는 어머니를 자개농 외에 어촌 마을, 몽돌밭, 해신당 등 바다 이미지를 풍기는 사물로 기억한다. 어머니와 사물 간에 이루어지는 이러한 인식을 통하여 병든 어머니가 격리 생활하느라 딸에게는 "가끔 집에 찾아오는 손님" 같은 처지가 되어버렸음을 강조할 수 있다.

그녀의 어머니는 보통의 건강한 어머니와 다르다. 작가가 떠올리는 어머니는 바다 이미지 외에도 "폐병, 줄무늬 환자복, 무당의 푸닥거리, 검은 천을 덮고 있는 여인, 허연 무명천, 상여, 꼭두 인형"처럼 결별과 죽음의 이미지를 동반한다. 더욱이 작가가 초등학교 다닐 때 어머니와 사별함으로써 애상이라는 심적 상처를 입는다. 이제 애상이 어디에서 유래하여 왜 지금까지 삶의 중심에 자리하는지도 밝힌다.

> 내 어린 시절을 되살려 주는 기억은 애상뿐이다. 어린 시절 가슴속 깊은 곳에 자리한 감정은 웃음과 눈물뿐이라 여겼다. '희비'라는 말만큼 내 감정을 고스란히 드러내는 단어는 없다. 나이를 먹을수록 그것을 조절하는 힘이 늘어간다고 하지만 어떤 사물을 보면 지금도 불시에 웃음이 터지거나 눈물을 참지 못할 때가 있다. 내 애상의 시원始原이 무엇이냐 물으면 어머니의 환자복이라고 대답하고 싶다.

애상은 측은하고 처연한 기억에 따라오는 감정이다. 정상적으로 맞이하는 경험의 세계에서는 애상의 감정이 쉽게 생기지 않는다. 제때를 맞추지 못한 불의의 시기에 일어난 사건이 일으키는 일종의 심적 통증에 가깝다. 작가가 어머니에게 관계 지우는 감정도 행복, 보호, 평화, 사랑이라는 포근한 이미지가 아니다. 그것보다는 허약, 환자, 사별처럼 무기력하고 저항불능의 단어로서 이들이 모인 지점이 천성 마을 몽돌에서 펼쳐진 굿이다.

굿은 동네 사람들에게 눈요기이고 떠들썩한 볼거리이지만 어린 시절의 작가에게는 "정말 어머니가 죽을지도 모른다"라는 불길한 생각만 떠올리게 하는 의식에 불과하다. 그래서 아이는 운명이 무엇인지는 모르지만, 요란스러운 굿판의 타악기 음률을 이겨내기라도 할 듯이 악을 쓰며 비명을 내지른다. 무당의 굿과 충돌하는 비명을 내지른 행동의 이면에는 어머니가 죽을지도 모른다는 불안감이 분명 깔려있다. 그 소음의 충돌은 작가의 기억에서 떠날 수 없다. 그녀는 어머니를 통하여 원하지 않는 시점에 죽을 수 있다는 점을 인식하였고, 그 인식으로 애상이라는 감정을 갖게 된 것이다.

조향미의 욕망은 죽음을 거부하는 것이다. 그녀가 지켜본 어머니의 죽음은 순리로 맞이하는 것이 아니라 자식을 위해서라도 살아야 한다는 삶의 욕망이 좌절된 결과다. 거부당하였다. 그녀의 어머니는 죽음에서 자신을 구하려던 소망을 잃으면서 살려는 욕망을 포기해야 했다. 그 미완의 삶이 조향미에게 남긴 유산이 애상이다.

어머니로 인해 갖게 된 그녀의 상처를 이해하려면 어머니와 작가를 잇는 중심 장소를 살필 필요가 있다. 그곳은 죽음과 바다 이미지를 지니고 작가가 지닌 애상을 되살려 주는 곳이다. 어머니와 연관된 갖가지 감정과 인상과 풍경도 되살려 주어야 한다. 그것이 해신당이다.

해신당은 산 자와 죽은 자가 함께 만나는 곳이다. 어촌의 해신당은 "한해의 풍어를 기억하고 죽은 자를 위로하고 마을의 안녕"을 기원하는 곳이다. 작가도 "내 애상의 중심은 해신당"이라고 말하듯 살아있는 그녀와 죽은 어머니가 함께 만나 딸의 이야기를 듣고 위로하면서 서로의 안녕과 소망을 빌게 된다.

덧붙여

작가가 과거의 행적과 인식의 양상을 글로 재론한다는 것은 무엇인가 새로운 방향을 모색한다는 의미다. 맹목적이고 중세적인 인간형으로부터 갱생을 추구하는 르네상스적 인간형으로의 변화에 비유할 수 있다. 현대란 돌출적인 시점이 아니고 고전주의 시대부터 정반합을 되풀이하여 진화해 온 시간이다. 이런 거시적인 관점에서 경험과 인식을 살펴보면 수필은 경험과 인식의 집합이 아닌가 여겨진다.

조향미의 애상은 누군가를 생각하는 기억은 사물과 장소를 전제로 한다고 말하면서 어머니의 죽음이 남긴 애상을 정서적 유품으로 풀이한다.

애상이라는 감정을 공유하면서 자기 행동과 인식을 지닐 수 있다. 이렇듯 행동과 인식 간에 이루어지는 정반합이야말로 수필이 추구할 문제 적 모티브라고 하겠다.

애상哀想

산등성이에 올라서면 발아래로 푸른 평원이 펼쳐진다. 겹겹 산들 사이로 희미하게 바다가 보인다. 맑은 날이면 들판의 새들이 바다로 날아가곤 하는 이곳은 속세를 벗어난 영혼과 대면하기 위해 경건하게 무릎을 꿇을만하다. 죽은 자는 말이 없고, 산 자는 말을 아꼈던 침묵도 기억이 되어 가슴을 열기 시작한다.

가덕도 바닷가 몽돌은 유난히 둥글다. 사시사철 서로 부딪혀 와그르르 구른다. 그 마찰의 공명을 들으며 어부들이 하루 삶을 여는 곳이 천성 마을이다. 섬만큼의 세월을 함께하는 포구 사람들의 질긴 삶과 고달픈 애환이 닮아 있는 모습인가. 농사일과 갯가 해산물을 잡는 하루가 차라리 평화롭다.

그날, 동네 사람들은 하던 일을 멈추고 바닷가로 몰려나왔다. 멀리서 온 무당과 악사들이 굿 상을 준비했다. 눈요깃거리가 없는 섬마을에서는 떠들썩한 볼거리였다. 막내 고모의 손에 이끌린 나는 빙 둘러앉은 사람들 사이로 비집고 들어가 봄날 햇살을 고스란히 받는 몽돌밭에 자리를 잡았다. 엉덩이가 따뜻해졌지만 어린 가슴은 까닭 없이 서늘해졌다. 잠시 후 상 앞에 누군가 누웠고 무당은 그 몸 위에 꺼먼 천을 덮어씌웠다. 사십 대 초반의 우리 어머니였고 그때 내 나이는 예닐곱 살 정도였다.

굿이 시작되었다. 깨어질 듯한 타악기의 음률에 신들린 무당의 칼이 누워있는 여인의 몸을 향해 찌르는 듯 휘둘렀다. 사물 소리는 맹렬하게 높아졌고 춤사위는 차츰 빨라졌다. 펄쩍펄쩍 뛰는 무당의 기세에 이러다 정말 어머니가 칼에 찔려 죽을지도 모른다는 생각에 비명을 내질렀다. 악쓰며 우는 소리가 푸닥거리를 방해했는지 무당은 잠시 멈추고 아이를 집으로 데려가라고 했다. 고모 등에 업혀 돌아오는 동안 내 울음은 여전했지만, 담벼락 너머 들리는 굿 소리는 조금씩 멀어졌다.

어머니는 나의 유년기 내내 병원 생활했다. 잠시 퇴원해도 공기 좋은 곳에 집을 얻어 요양하느라 가끔 집에 찾아오는 손님 같았다. 지금의 그 병은 오래 끌 병도 아니고 치명률이 높지도 않다. 결핵이었다. 내가 기억하고 있는 어머니는 줄무늬 환자복 입고 있는 병약한 여자다. 돌아가신 후에 가끔 꿈속에 나타나도 그 차림은 변하지 않았다.

모든 사물은 중심과 변두리로 이루어진다. 변두리는 블랙홀

같은 중심 속으로 빨려 들어간다. 사람과 사물에도 중심이 있고, 마음에도 중심이 되는 장소가 있다. 사람은 자신과 타인을 기억하기 위해 중심 사물을 떠올리고 그곳에 자신을 연결한다. 시간이 지날수록 변두리에 있던 사물들을 하나씩 새벽안개처럼, 늦가을 떨어지는 낙엽처럼 잊힌다. 중심에 자리한 사물만 남는다.

할머니의 비녀, 어머니의 자개농, 아버지가 남긴 낡은 책이 소중한 것은 그 사람의 삶의 중심에 자리한 물건이기 때문이다. 그래서 사람을 기억할 때 사람 자체가 아니라 사물로 기억한다. 이입한 감정은 그 사람을 이어주는 특별한 끈이 된다.

내 어린 시절을 되살려 주는 기억은 애상뿐이다. 어린 시절 가슴속 깊은 곳에 자리한 감정은 웃음과 눈물뿐이라 여겼다. '희비'라는 말만큼 내 감정을 고스란히 드러내는 단어는 없다. 나이를 먹을수록 그것을 조절하는 힘이 늘어간다고 하지만 어떤 사물을 보면 시금도 불시에 웃음이 터지거나 눈물을 참지 못할 때가 있다. 내 애상의 시원始原이 무엇이냐 물으면 어머니의 환자복이라고 대답하고 싶다.

어촌 마을은 일 년 내내 뜻하지 않는 사건이 불시에 일어난다. 바다로 둘러싸인 섬사람들에게 삶이란 생사뿐이다. 고기를 잡아 살아야 하므로 바다에 제 핏줄을 바친다. 태풍과 거센 파도에 배가 난파하면 동생이, 아들이, 남편이 죽는다. 여자들도 전복을 따다가 바다에 빠져 죽고 썰물에 떠내려가 죽기도 한다. 그래도 그들은 슬픔에 잠겨 있을 수 없다. 다시 바다로 나가야 한다. 그 고된 애환을 보듬어주는 곳이 해신당이다. 그곳에는 섬사람들의 눈물과 통증이 있다.

천성 마을에도 해신당이 있다. 바위와 해송을 등지고 세워진 해신당은 비바람에 삭아 내리지만 내가 떠나올 때까지는 형체를 고스란히 지켜냈다. 그곳에서 한해의 풍어를 기원하고 죽은 자를 위로하고 마을의 안녕을 빈다. 해신당은 마을의 기원, 소망이라는 말들의 표상이다.

초등학교 육학년 때 어머니가 돌아가셨다. 어머니는 바닷가 어촌 여자가 되지 못했다. 몸이 허약하여 물질할 수 없었고 늘 병에 시달렸다. 요양지에서 돌아가신 어머니를 위해 집 앞에서 노제를 지냈다. 상여에는 울긋불긋한 종이꽃이 바람에 너풀거리고 삼색휘장이 둘러쳐져 있었다. 상여를 묶은 허연 무명천이 이승과 저승의 갈림길 같았다. 고인을 모시고 극락으로 간다는 꼭두 인형이 상여 앞에 세워져 있다. 온몸에 오싹한 전율이 흘렀다. 어디선가 날아 온 노란 나비 한 마리가 노제 상 위에 날개를 접고 앉았다. 나는 겁먹은 얼굴로 그 나비만 바라볼 뿐 상여를 쳐다볼 수가 없었다.

알 수 없는 두려움으로 하관할 때 근처에도 못 갔다. 봉분을 다질 때도 돌아앉아 있어야만 했다. 그냥 무서웠다. 어른들은 그것이 자식과 정을 떼 내려는 고인의 마음 때문이라 하였지만, 마음 구석에는 바다 여자로서의 제 역할을 하지 못한 어머니의 한이 아닌가 여겨지기도 했다.

　부산 인근의 바닷가에는 해신당이 있다. 비가 소름 돋우는 어느 여름 그곳에 갔다. 동해를 등진 해신당 앞에는 몽돌 자갈이 깔려있고 오색 깃발이 꽂혀 있다. 천성 마을의 해신당 주변과 너무나 비슷했다. 굿판이 벌어지던 몽돌밭, 삼색 상여 휘장 등, 끊긴 필름 같은 찰나의 사물들이 변함없이 그곳에 있었다.

　사물의 몸을 빌리지 않는 기억은 낭떠러지 같은 망각의 나락 속에 묻힌다. 잊어버리지 않으려면 더 강하게 사물의 중심으로 들어가야 한다. 오직 그 행동만이 누군가를 기억해 주는 몸짓이므로 그렇게 한다. 어머니에 대한 갖가지 감정과 인상과 풍경을 기억하고픈 탓이지 나는 종종 해신당이 있을 법한 어촌을 찾아 나서기도 한다. 그것이 내 애상의 중심이므로.

　해마다 추석이 다가오면 친정 부모님 산소로 향한다. 추석 일주일 전이 어머니 기일이기 때문이다. 절을 하고 산소 앞에 앉아 펼쳐진 들판 너머 바다를 내려다본다. 햇빛에 따끔거리는 초가을 오후. 병든 어머니가 자식을 생각하며 내려다봤던 바다에는 실낱같은 기억이 흩어지지 않도록 바람조차 조심스럽게 분다.

 사람들은 나름의 처연한 햇살과 지울 수 없는 그 어느 날에 대한 기억 하나쯤 품고 산다.

서사 속의 캐릭터 : 우아하고 균형 있는 애달픈 초상들

박양근(문학평론가, 부경대 명예교수)

조향미의 풀빛 원피스

서사는 인물 창조의 예술이다. 자연만을 다루는 작품이 있지만 자연만 깔리는 서사는 불가능하다. 서사 공간에는 인물이 등장하고 사건과 갈등이 발생하고 서술자가 나타난다. 소설이든 수필이든 시든 서사로서 적격성을 갖추려면 인물 창조가 앞서야 한다. 서사 주인공이 대화와 동작으로 사건 줄거리를 펼치기 때문이다.

이런 역학 구조는 서사적 의미와 이미지라는 두 문학적 요소를 토대로 삼는다. 서사적 의미는 소재나 인물이 사건의 흐름에서 차지하는 역할을 말한다. 행동의 주체가 주제에 어떤 기능과 효과를 지니는가를 살피는 것으로 예를 들면 정의의 사도인가, 건국 인물인가, 전쟁 영웅인가를 살피는 것이다. 서사적 배역이 분명 할수록 독자는 명확하게 사건 진행을 파악할 수 있다.

서사적 이미지는 주인공의 동작이나 말보다 소지한 소품이나 의상 등으로 나타난다. 몸짓보다 옷, 언행보다 용모가 작품의 분위기를 끌고 간다. 영화의 경우 영상 서사는 주인공의 욕망과 행적을 따라가는데 이때 욕망이 주인공의 이미지를 형성한다. 이미지는 욕망의 외적 표현이므로 이목구비를 살려야 선명한 입체감을 화장처럼 주인공의 행동과 감정을 조정하는 것이 필요하다. 그냥 잘생긴 외모는 이미지라기보다 가면에 가깝다는 것이다. 착한 여성을 우아하고 화사하게 그려낸다면 가부장적이거나 꼰대형 이미지는 보수적인 남성에 해당한다. 이렇듯이 서술자는 주인공의 내외면의 이미지를 포착하여 작품 곳곳에 배치해 나간다.

작가 고유의 재해석 방식과 철학적 인식이 서사를 구축한다. 서사는 형상화와 의미화 외에 이미지를 통해 일상적 인물을 문학적 인물로 격상시킬 때 성공한다. 이 정도를 핍진성이라고 부른다. 핍진성逼眞性은 '있을 법한'이라는 개연성을 능가하여 생생하게 인물을 창조하는 묘사 전략이다. 인물의 표정. 어조. 옷차림. 소도구. 시선 등에 대한 세부 묘사나 인상에 대한 순간 포착이 개연성을 초월한 인물을 만들어 낸다. 그 점에서 서사는 서사적 의미가 담긴 주제를 짜고 핍진성 있는 인물을 이미지로 표현할 때 역동성을 지닌 서사 인물이 설정된다고 하겠다.

서사 인물의 진실성은 현실적으로 그러한 인간이 있을 수 있다는 가능성보다는 그런 인간이 실재했다는 사실에 의하여 더욱 보증된다. 독자는 등장인물들이 보여주는 대립이나 일체성이 자신이 처한 현실과 비슷하다는 점을 확인하는 순간 "이런 문제를 지닌 사람이 나 혼자만이 아니다."라는 안도감을 느끼게 된다. 문학 작품은 인간 보편의 의식과 무의식의 세계를 함께 반영한다.

조향미의 〈풀빛 원피스〉: 우아한 두 여자

한 인간에 대한 다른 인간의 한 가지 감정이 오래가기는 참으로 드물다. 선한 모습이 어느 순간부터 악하게 보이고 기분 나빴던 인상도 시간이 지나면서 우호적으로 바뀌기도 한다. 이런 역작용과 순작용을 일으키는 것은 두 사람 사이의 관계다. 인간의 관계가 감정에 따라 변하는 것을 부인하기 어렵다. 아무리 친밀한 사이일지라도 오해의 틈이 끼어들기 마련이고 반대로 편견이 낳은 첫인상으로 시작하기도 한다.

조향미의 〈풀빛 원피스〉에서 한 여인에 내한 자신의 감정을 섬세하게 묘사한다. 왜 그녀가 자신의 마음속에 오래도록 남아 있을 수밖에 없는가도 살핀다. 그들은 새엄마와 전처의 딸이라는 관계를 맺고 있다. 서술자가 전처의 딸이므로 서사적 의미는 일반적으로 계모로부터 받는 부당한 대우와 상처가 된다. 개연성의 관점에서 보면 새엄마로 들어온 계모의 위세는 당당하고 전처의 딸을 교묘하게 때로는 노골적으로 학대할 수 있다. 개연성이 아니더라도 사회에 누적된 여러 계모의 사례를 짐작하여 볼 때 서술자는 불안의 시절을 오래 견뎌야 한다. 이것이 서사의 기본 패턴이다.

그러나 조향미의 서사적 의미와 핍진성은 다르다. 핍진성은 등장인물을 집중적으로 묘사하여 그의 특징을 강화하는 것이라 하겠다. 조향미는 인상주의 채색이라 부를 만한 서정성으로 새엄마의 첫 모습을 감성적인 이미지로 표현한다. 이런 기법을 완경完經에 다다른 서술자가 상대를 부정적으로 묘사함으로써 믿을 수 없는 서술자로 오해받을 우려를 불식시켜 준다. 그 핵심적인 용어가 우아함이다.

> 예뻤다. 풀빛 원피스에 하얀 구두를 신고 단아하게 앉아있었다. 창가에 달린 햇살 한 줌이 뽀얀 얼굴 위에 발그스레한 연지처럼 모여있다. 문을 열고 들어서자 철 지난 해풍에 그녀의 머리카락이 가볍게 흔들렸다. 미소를 머금으며 조용히 자리에서 일어났다. 학처럼 부드럽고 우아하였다.

한 여인의 행동이 기품 있게 그려진다. 단아하게 앉아있고 미소를 머금고 조용히 일어서서 남편의 아이들을 맞이하는 자태는 당시 중학생인 작가에게는 경이로웠다. 너무나 인상적이어서 반백

년이 지난 지금도 기억한다. 그녀를 그려내는 세세한 묘사력에 걸림이 없다. 그녀를 만난 순간을 잊지 못하는 이유는 당시의 일반 여성과 차림새가 색다르고 무엇보다 병석에 있었던 어머니의 모습과 너무나 비교되었기 때문이다. 장차 껄끄러운 관계를 이룰지 몰라도 아이들에게 보여주는 교양미 넘치는 미소는 아버지의 어색하고 헤픈 웃음과 대조되면서 그녀의 품격을 높여 나간다.

시간이 지나면서 새어머니의 본성인 개성이 거침없이 드러난다. 그녀에 대한 가족의 반발이 심해지고 한 번도 가족으로부터 비난과 저항을 받아 본 적 없는 아버지에게 공공연히 반대하는 그녀를 두고 "요조숙녀의 모습은 간데없고 전장의 전위대"처럼 목소리가 커졌다고 작가는 말한다. 모두 조심스러웠고 절제했던 첫 점심때와 달리 집안 분위기는 어둡고 무거워진다.

지금까지의 평온했던 서사가 긴장감으로 굳어진다. 서사적 의미는 두 흐름으로 나누어진다. 하나는 재혼한 남편 집에 들어온 여자를 주인공으로 삼으면 '풀빛 원피스'를 입은 제취 여인의 삶이 사건의 흐름이 된다. 딸을 중심으로 사건을 펼치면 생모에 대한 연민과 새엄마의 우아함 사이에서 갈등하는 십 대 소녀의 심적 반응이 관심을 끈다. 서술자인 조향미의 입장은 다른 가족과 다르다. 그 점은 "그녀는 교육에 관한 한 시대를 앞선 생각을 가졌다."라는 구절에서 살필 수 있다. 새엄마는 아버지의 반대에도 불구하고 미대에 진학하려는 작가를 적극적으로 지원한다. 개인의 의지를 존중하여 여자들도 재능을 살려야 한다는 것이다. 두 사람은 현대 여성이라는 동일선상에 섰다. 작가는 진취적이면서 우아한 성품을 지닌 캐릭터를 설정하려 한다. 서정적인 분위기를 강조하는 서사에서는 인과적인 구성보다 인물의 심리적 반응에 더 치중한다. 정서를 깔고 주인공의 심리를 묘사하려면 집중적이고 여운을 남기는 인상이 필요하다. 시각, 청각, 촉각, 후각, 미각에 초점을 맞춘다는 뜻이다.

새엄마의 후견인은 남편이었다. 남편이 질병으로 세상을 떠나면서 그녀의 입지는 약해진다. 그 변화는 가족이 품었던 "터지지 못한 휴화산"같은 반발과 아버지 병세라는 후각 이미지로 이미 예고되었다. 남편이 사망한 후 거처를 친정 쪽으로 옮길 때 그녀는 "시집올 때 큰절 인사했듯이 할머니에게 마지막 큰절하고" 떠나는 우아한 뒷모습을 남긴다. 그녀의 자태는 처음과 다름이 없다. 자기 삶을 품위 있게 유지하기 위해 상처한 남자에게 시집왔고 그 남자가 죽으면서 친정으로 돌아간다.

서사란 사람이 자기 삶을 바꾸는 이야기이다. 새엄마는 자신의 존재성을 위해 불운한 주부의 자리를 맡았고 그것이 무너지면서 이전의 자신으로 돌아간다. 그 캐릭터의 의견을 전달하기 위해 서술자는 화술을 바꾸지 않는다.

새엄마가 떠나간 후의 사건 추이는 매우 빠르다. 〈풀빛 원피스〉의 서사적 의미는 그들이 함께 살 때 왜 갈등이 생기고 어떻게 갈등이 해체되는가에 달렸기 때문이다. 당연히 그녀가 떠난 후의 서사적 의미는 무의미해진다. 이십여 년이 지난 어느 해 주민센터에서 연락이 온다. 그녀가 노후 수급 신청하여 자초지종을 알려주는 주민센터의 전화이다. 누군지 알아차린 서술자는 새엄마의 연락처를 알려 달라고 하지만 개인정보라는 말만 듣는다. 한때 같이 생활한 곳을 떠나 경제적으로 어렵고 외로웠을지라도 우아하게 보인 자신의 이미지를 깨뜨릴 수 없었다.

서술자도 "뭔지 모를 아쉬움이나 마음의 빚"을 느낀다. 갖가지 인생 시련을 겪은 서술자도 삶의 폭이 넓어지고 나이에 어울리는 품격을 체득한 것이다.

다시 이십여 년이 지났다. 서술자의 기억 회로에는 지금도 "풀빛 원피스 곱게 입은 그녀"가 고스란히 저장되어 있다. 한 여인으로서, 새엄마로서, 무엇보다 풀빛 원피스가 남긴 우아함, 활력, 개성, 현대적 사고, 쿨한 단호함의 이미지로 남아 있다.

> 지금도 생각하면 풀빛 원피스 곱게 입은 그녀의 젊고 역동적인 모습이 영상처럼 나타났다가 아련하게 멀어진다.
> 인생의 한때를 같이한 인연, 삶의 한고비를 넘겼을 여인에 대

한 연민으로 서운한 마음도 미련도 풀어낸다. 떨어진 한 방울 풀빛 물감이 물 위에서 잔잔한 파문을 일으키며 풀어지듯.

조향미가 품은 새엄마에 대한 의식은 "인생의 한고비를 같이 한 인연"이라는 단어에 맞추어 있다. 그 의식의 표상이 작가의 심미적 거울이 된다. 대부분 여성은 한때나마 풀빛 원피스 같은 화사한 시절을 누리고 싶어 하고 나이를 먹으면 환자복을 입어야 한다. 인생 시련이라는 서사적 의미에서 보면 이 이미지는 누구에게나 적용된다. 조향미가 자신의 시간 안으로 들어온 그녀의 존재를 떠나보내지 못한 이유는 마음의 빚을 졌다는 무의식 때문이다. 나이를 불문하고 누구나 우아함을 지키고 싶다. 예쁘고 곱고 고상하다는 표현으로 전달될지라도 '슬픈 우아함'은 여주인공이 되기 위해서는 피하기 힘든 운명일지도 모른다.

덧붙여

사람은 누구나 심리적 흉터를 지닌다. 자신을 그릴 때 아름다운 모습 외에 삶의 흉터를 빠뜨리지 않아야 진정한 초상이 완성된다. 작가는 모호하지만 강력한 인상 미를 가진 소재나 순간을 집중적으로 묘사함으로써 대상의 이미지를 자신의 생에 일치시켰다. 마치 자신들의 삶 전체가 그 하나의 끈에 매달려 있는 듯 특별한 의

미를 분사시킨다.

  서사적 캐릭터는 특유의 이미지를 가져야 한다. 조향미는 〈풀빛 원피스〉에서 여성의 우아함이 부유하고 귀족적인 것이 아니라 굴곡진 삶을 견인하는 기품임을 이야기한다.

  이미지가 때로는 이성적 논리보다 더 설득력을 지닌다. 수필의 서사도 행동으로 설명하기보다 주인공의 감정을 드러내는 것이 더 효과적이다.

  누군가의 동작이 아니라 그 동작을 일으킨 감정을 이미지화할 때 서사적 의미는 더욱 순탄하게 인내나 포용이나 용서라는 담론을 담아낼 수 있다는 것이다.

풀빛 원피스

  예뻤다. 풀빛 원피스에 하얀 구두를 신고 단아하게 앉아있었다. 창가에 달린 햇살 한 줌이 뽀얀 얼굴 위에 발그스레한 연지처럼 모여있다. 문을 열고 들어서자 철 지난 해풍에 그녀의 머리카락이 가볍게 흔들렸다. 미소를 머금으며 조용히 자리에서 일어났다. 학처럼 부드럽고 우아했다.

중학교 일학년 여름 방학이 끝날 무렵이었다. 아버지는 우리에게 중요한 약속이 있음을 알렸다. 동생과 나는 그저 가족 나들이인 줄만 알았으나 언니들의 표정은 밝지 않았다. 송도에 있는 음식점으로 갔다. 바다 풍경이 한눈에 들어오는 잘 꾸며진 이층 별실이었다.

 미리 와 기다리던 그녀는 웃으며 우리를 맞이했다. 처음 본 여인은 얼굴도 곱고 몸매도 날씬했지만, 나의 시선을 한순간에 사로잡은 것은 풀빛이라는 색깔이었다. 창문으로 들어오는 햇빛을 한껏 머금고 있는 풀색은 살아 움직이듯 요동했다. 여태껏 그런 생동하는 색을 보지 못했다.

 색은 이미지다. 자신의 기질이나 취향을 나타내기도 하고 그 색으로 인해 상대방에게 강렬한 첫인상을 남기기도 한다. 오랜 세월이 지나면 그 사람의 얼굴을 잊고 때로는 이름을 잊을지라도 처음 보았던 색깔 이미지는 잊지 못한다. 그만큼 망막에 박힌 색상은 강렬하고도 집요하다. 그녀의 풀빛은 나에게 몽환적이면서도 뭔가 모를 불안을 지닌 여인으로 각인 되었다.

 이듬해 봄. 그녀는 아버지와 재혼하여 우리 집으로 들어왔다. 아버지는 쉰하나, 그녀는 마흔이었다. 당시로서는 시대를 앞선 여자였다. 클래식 음악을 즐겨 들었으며 서양요리도 잘

했다. 우리가 듣기 거북한 말은 아버지와 일본어로 얘기를 나누곤 했다. 세련되면서도 개성이 강했다.

고분고분한 태도는 처음 얼마간뿐이었다. 수년이 흐르자 집안 대소사의 결정권이 그녀에게 넘어가기 시작했다. 나는 그때 아버지 뜻에 반대하는 사람을 처음 보았고 양보하는 아버지도 처음 보았다. 요조숙녀 모습은 간데없고 전장의 전위대처럼 앞서가고 목소리도 커졌다. 한동안 그녀와 아버지의 갈등으로 집안 분위기가 비 오는 그믐밤처럼 어둡고 무거웠다.

그러나 그녀는 교육에 관한 한 시대를 앞선 생각을 가졌다. 당시는 그림을 그린다는 것은 밥 빌어먹는 일이라고 천박하게 여겼다. 체면을 중요하게 생각했던 아버지는 딸이 예능 쪽으로 전공한다는 것은 상상도 못 할 노릇이었다. 그녀는 여자들도 재능을 살려야 한다는 의견이었다. 그녀의 주장이 아버지의 편견을 이겼고 나는 원하던 서양화 전공의 길로 들어설 수 있었다. 어쩌면 그녀의 풀빛 원피스가 지닌 강렬한 색감이 내 전공 선택에 부분적으로 적용되었을지도 모른다.

집안의 절대 권력인 아버지는 경제권을 무기로 가족의 화합을 강요했다. 작은 언니는 새어머니에 대한 거부가 유독 심했다. 이런저런 불만이 있어도 속으로만 삭였지만 언제 터질지 모르는 화약고가 되었다. 두 사람의 대립은 마치 조화를 이루지 못하는 색채의 갈등처럼 보였다. 아버지의 불호령으로 오히려 감정의 골이 깊어지고 집안 분위기는 언젠가 터질 수 있는 휴화산처럼 되어 갔다. 그러나 위태로웠던 가족 간의 반목은 아버지의 급작스러운 병환으로 화산재 묻히듯 묻혀버렸다.

  이삼 년의 투병 생활 후 아버지가 돌아가셨다. 장례식이 지나고 그녀는 거처를 친정 쪽으로 옮겼다. 자신의 짐을 싣고 난 뒤 시집올 때 인사했듯이 할머니에게 마지막 큰절하고 떠났다. 아마 그녀도 살아서는 만나지 못할 거라는 걸 예감했을까. 아버지의 첫 제사 때도 오지 않았다. 그 후로 연락이 끊겼다. 고모들이나 숙모들은 차라리 그렇게 끝난 게 서로를 위해서 잘된 일이라고 말했다. 냉정한 어른들이 섭섭했지만, 나로서는 아무런 결정권이 없었다.

  이십여 년이 지난 어느 해, 낯선 동네의 주민센터에서 한 통의 전화가 왔다. J씨를 아느냐고 물었다. 너무 오랜만에 듣는 이름이라 기억의 밑바닥에서 그 이름을 떠올리기에는 잠시 시간이 필요했다. 뜨악하기도 하고 이상하게 가슴이 철렁 내려앉았다.

  "알긴 아는데 무슨 일로….'

  사회복지 담당자였다. 수급 신청했는데 자녀가 호적에 등재되어 있어 조사해야 한다고 했다. 자초지종을 얘기한 다음 그분의 주소를 물었더니 개인정보라 알려줄 수 없다는 대답만 돌아왔다.

헤어지면 남남이 된다지만 그녀에 대한 뭔가 모를 아쉬움과 마음의 빚이 있었던 것 같다. 이제 나도 헤어질 때의 그녀 나이를 훌쩍 넘겼다. 이해될 수 있는 여유와 포용이 생겼지만, 그녀에 관한 생각은 접기로 했다. 인연이 남았다면 언젠가는 만나겠지. 그 후 지금까지 아무런 소식도 없다.

세월이 지나면 무엇이든 쇠락한다. 색깔은 퇴색하고 모양은 퇴락하며 기억도 퇴조한다. 무엇이든 제 모습을 지켜나가는 것은 불가능하다. 아무리 탄탄하고 강할지라도 세월의 위력은 이길 수 없다. 하지만 그녀가 입었던 풀빛 원피스의 기억은 희미해지지 않는다. 풀빛의 색깔도 퇴색해지지 않고 있다. 사람은 때때로 입은 옷, 풍기는 냄새로 누군가를 기억하기도 한다. 새어머니가 아니고 한 여인으로서 풀빛 원피스는 내가 오래도록 기억하고 있는 이미지 중의 하나다.

헤어진 지, 사십 년 가까이 지났다. 어떻게 사는지. 건강하신지. 살아 있다면 아흔을 바라보는 연세다. 지금도 생각하면 풀빛 원피스 곱게 입은 그녀의 젊고 역동적인 모습이 영상처럼 나타났다가 아련하게 멀어진다.

인생의 한때를 같이한 인연, 삶의 한고비를 넘겼을 여인에 대한 연민으로 서운한 마음도 미련도 풀어낸다. 떨어진 한 방울 풀빛 물감이 물 위에서 잔잔한 파문을 일으키며 풀어지듯.

수필의 항로 : 자기 정화에서 영성적 고백으로

박양근(문학평론가, 부경대 명예교수)

조향미의 가을, 소리에 젖다

 문학은 언어로 만든 그릇이다. 작가는 자신의 뇌리와 심장에 박혀있는 갖가지 과거사를 형상과 이미지로 변형시켜 표현한다. 이때 그의 체험과 상상과 언어는 존재의 집을 짓기 위한 도구로 사용된다. 형식에서는 문자로 이루어진 언어 망이지만, 본질에서는 자신이 누구인가를 밝히는 존재망 인 문학은 자아가 어디에 자리에 있는가를 밝히는 지적도와 같다. 물론 문학에서는 '어디'라 함은 지리적 사회적 지위가 아니라 작가적 영혼이 자리한 층위를 말한다.
 작가적 층위는 작품을 통해 표현된다. 의식주의 도움을 받아 생존하고 주변 환경에 적응하는 보통 사람들은 물리적 조건이 충족되면 행복하다. 그러나 의식이 남다른 사람은 자아를 갱생하고 새로운 세계에 입문할 때 더욱 행복해진다. 단테가 《신곡》에서 9개의 지옥문을 거쳤지만, 연옥을 지나 천국에 가까워질수록 구원의 힘을 느꼈다. 톨스토이가 《참회록》에서 자신의 세속적 죄악을 고백하고 자기 정화를 달성하였을 때 비로소 충만한 안도감을 느꼈다. 칼 융이 《레드 북》에서 추악한 잠재적 자아를 고해하였을 때 자신의 마음에 신이 들어와 있음을 자각하였다.

이처럼 문학, 특히 수필을 쓰는 의식의 통로는 상승한다. 그 통로는 대게 자아로부터 시작하여 가족에서 인간으로 나아가고 다시 생태와 우주를 지나 마침내 신과 대면한다. 자아는 생각하고 느끼고 행하기 위한 동기와 행동력을 가진 주체다. 소크라테스의 "너 자신을 알라", 데카르트의 "나는 생각한다." 프로이트의 "나는 욕망한다." 등은 이드를 거부하고 자의식을 행하는 작가의 말하기로서 주로 인물을 주인공으로 삼는 '전傳'이 된다.

다음 단계는 가족과 가족 문화 서사로서 록錄을 만든다. 나아가 사람에 대한 인문학적 산문으로 인간의 존엄성을 추구하는 사史적 수필이 짜인다. 수필의 영역이 더욱 확장되면 개체와 환경과의 상호작용을 살피는 생태 관점에 눈을 뜬다. 다음으로 찰스 테일러가 말한 생태윤리와 하이데거가 말한 현 존재자를 자각하면서 "다르면 다를수록 아름답고 특별하다"라는 초 인문주의적 시의 단계로 진입한다. 다음으로 우주를 대상으로 한 천문天文에 다다르면 인간을 소우주로 간주하는 명상적 문文이 이루어진다.

드디어 신과 만나는 영성의 글 문도 열린다. 그 대상이 신령스러운 성령이다. "성령은 우리와 함께 거하시고(요14:17), 가르치시고 인도하시며(요14:26), 증거 하시며(요15:26), 죄를 깨닫게 하시며(요16:8), 인도하시며 말씀하시며 알리신다(요16:13, 15)"라고 한다.

교시, 기억, 참회, 각성, 증거는 문학이 무엇인가를 설명할 때 사용되는 담론들이다 인간이 글과 나누는 대화는 명상, 기도, 묵상, 고해 같은 말하기이므로 마지막 글 문은 초인간적인 '경經'이라 부를 만하다.

작가는 자기 정화의 글을 쓰다 보면 "자아에서 영성으로" 나아가는 흐름을 발견한다. 영적 항해사로서 작가가 영혼의 계단을 오를수록 글의 세계도 더욱 심화한다. 전傳에서 경經으로 진화한다는 뜻이다. 그러므로 개개의 수필은 자아의 전傳을 쓰든, 가족의 록錄을 구성하든, 인간을 위한 사史를 기록하든, 자연 생태를 노래하는 시詩로 진입하든, 우주를 설파하는 문文을 이루든, 그리고 신을 위한 경經을 바치든, 모두 작가 자신을 위한 곡曲임을 명심할 필요가 있다.

조향미의 〈가을, 소리에 젖다〉

조향미가 "좁고 가파른 산길"을 오르는 목적은 가을 소리를 만나기 위해서다. 그녀는 지금까지 세상의 갖가지 잡음으로 육신과 영혼이 시달렸다. 몸과 마음이 "가을 소리에 젖어 들고 싶다"라고 절규하듯 외친다. 그래서 작가는 단풍을 구경하는 시각이나 과일을 맛보는 미각이 아니라 가을 암자가 담고 있는 자연의 모습을 귀로 들어 영육을 위로해 주려 한다. 사람이 가진 오감 중에서 가장 예민하여 쉽게 상처받는 기관이 청각이다. 신과 인간과의 소통도 "태초에 말이 있어…."라고 하였듯이 신의 입과 인간의 귀 사이에 교감으로 이루어졌다.

그녀에게 가을은 듣기 위한 계절이다. 높고 험한 산판길을 자동차와 발걸음으로 오르는 모습은 육체적 정신적 순례를 떠올린다. 풍진 세속을 벗어나 사바세계로 들어가는 시험이기도 하다. 그곳이 깎아지른 절벽 위에 세워진 밀양시 청도면 운주암이다. 운주암은 말 그대로 구름과 안개 속에 세워진 절로서 속세를 벗어나고픈 경지를 상징한다.

작가는 그 암자를 신성시한다. "천년의 기도 도량", "만추의 하루를 보내고 있는 암자", "우연히 접어든 산사", "스스로 위리안치된 산중 사찰"로 부름으로써 자신의 영적 여정을 강조한다. 먼저 저녁 노을에 물든 경관을 시각적으로 묘사한다. "산들은 파도가 넘실대는 단풍 바다" 같다고 이미지화하여 산중에서 바다를 연상하는 상상을 보여준다. 절벽을 타고 내리는 붉은 단풍 산등성이를 파도가 넘실대는 바다로 여기는 것은 그곳이 인간계가 아니라 선계로 간주하는 작가의 마음을 고스란히 반영한다. 사람은 보통 사물의 형태를 먼저 인식한 후 그 아름다움을 말하지만 때로는 아름다움을 먼저 느끼고 그 후에 형상을 부여하기도 한다. 조향미의 미적 의식은 후자에 해당한다고 하겠다.

영적 만남이란 이해득실이나 인간관계로 이루어지는 것이 아니다. 존재와 존재가 서로 포옹하되 서로에게 예속되지 않는 상태와 같은 교감이다. 성령이 영성을 지닌 영혼을 뜻한다면 조향미가 운주암에 머무는 동안 적어도 그의 육신은 소멸하고 세상과의 인연도 멀어졌다. 마치 지금까지 한 번도 생각한 적 없는 낯선 세계에 일순간에 진입한 듯한 환상처럼 그녀는 모든 것을 영적인 교감으로 바라보고 받아들인다.

그녀가 첫 번째 대면하는 것은 3층 석탑이다. 석탑을 지켜보면서 조향미는 "산사는 저녁 예불로 가득하다"라는 청음의 희열에 젖어 든다. "나무도 스님도 단풍도 탑도 모두 소원을 빈다."라는 해석은 이들 대상과 혼연일체가 되었음을 보여준다. 갈바람조차 극락왕생을 바라는 "염불 소리를 내고 있다."라는 표현은 눈과 귀가 자연을 있는 그대로 받아들이고 온몸의 세포가 투명해졌다는 뜻이다. 단풍 붉은 산사에서 그녀는 불교식 정화를 수행하고 온몸이 더없이 맑아졌다고 자신에게 말하는 것이다. 두 번째 귀를 기울이는 것은, 짧고 청량한 요령 소리다. 방 안에서 참선 중이던 스님은 밖에 인기척이 나자 조용히 하라는 부탁을 말이 아니라 요령 소리로 전달한다. 요령은 불교에서 죽은 자의 영혼을 불러내는 불사 도구다. 방안의 요령도 영혼과 영혼 간의 대화를 대신하므로 작가도 전각 끝 풍경 소리보다 더 마음을 일깨워 주었다고 호응한다.

세 번째는 산허리를 나는 새들에게서 듣는 소리다.

> 화악산 위로 새들이 서로의 안부를 주고받으며 산허리를 날고 있다. 붉게 저무는 하루를 만끽하려는 비상의 날갯짓이 느리다. 노을은 자연의 품위를 보여주려는 듯 천천히 물들어 간다. 새들은 단풍 노을 앞에 자신의 목소리를 시주한다. 하얀 낮달은 까막새 소리에 희밋한 미소로 화답한다. 모든 게 염화시중이다. 산 속 가을이 묵언의 은유로 점점 깊어간다.

조향미는 귀를 듣는 기관이 아니라 자연과 소통하는 통로로 여긴다. 그 영적 통로를 새와 안부를 주고받고 새들이 단풍 노을을 맞아 "자신의 목소리를 시주"하고 "낮달과 까막새는 서로 미소로 화답"하는 풍경으로 묘사한다. 그녀가 산중 사찰에서 선불교에 가까운 사색에 수행하는 모습은 자연과 일치한 모습을 떠올려 준다. 단풍 물로 세례받는 기독교적 의식도 연상된다. 작가는 이런 세상에서 이런 심적 세계에 몰입하기를 평소 원해 왔다. 굽이굽이 튼 길을 올랐고 가을빛과 가을 소리를 한껏 받아들여 온몸을 태우는 듯한 장관을 기대한 것도 이 때문이다. 그녀의 현 상태는 바슐라르가 말한 '불의 몽상'과 같다.

바슐라르가 말한 불의 미학은 부활이다. 부활하려면 먼저 불로써 자신을 태우는 소멸 단계가 필요하다. 태움은 역설적으로 어떤 것도 영원하지 않다는 색즉시공의 세계에 일치한다.

> 산은 잠시 물러날 때가 있다는 것을 보여준다. 숲도 보내고 맞이할 준비를 하며 스쳐 지나간 인연을 떠올린다. 한여름 개울가에서 소리 높여 웃던 아이들, 영혼이 되어 날개를 떨던 매미들, 속살을 파고들던 담결한 솔바람. 이 모든 순간이 부질없어 더욱 그립다. 그때 그들의 미소는 분명 붉었을 텐데 왜 퇴색한 색으로 기억될까. 그 마음을 위로해 주듯 억새들의 하얀 얼굴이 어느새 홍조로 물들고 있다.

조향미가 가을 산사에서 듣는 정갈한 바람 소리와 요령 소리와 새소리는 물리적 시간을 초월하는 시공에 존재한다. 그것들은 이번 가을에 사라졌다 할지라도 영원히 사라지는 소리가 아니다. 과거에 들었던 한여름 아이들의 웃음소리와 날개를 떨던 매미 소리가 지금의 솔바람 소리와 어울리고 산밑마을의 단풍은 산등성이를 타고 올라와 만추의 암자와 어울린다. 작가는 이런 묘사는 거듭 그녀가 영적 소통하고 있음을 보여준다.

    그녀의 정체성은 산에 오를 때와 산에 내려갈 때가 다르다. 산에 오르기 전에 물리적 물질적 환경의 지배를 받았다면 자기 귀로 산사 자연물을 대면한 후에는 "마음을 낮추고 발걸음을 조심스럽게 딛는" 겸손과 절제를 얻는다. 그녀는 바람도 가만히 엎드리고 새들도 고요한 적막을 경건하게 받아들인다. 산사와 작별하는 기분이 숙연해질 수밖에 없다. 숙연함이란 자연과 우주의 섭리에 따라 살겠다는 약속이다. 이 약속은 사회 계약이 아니라 자연에 깃든 신의 가르침에 순종하겠다는 다짐이기도 하다.

덧붙여

    작가는 글을 쓸 때 소재에 대한 깊은 해석과 자신에 대한 다면적 성찰이 선행되어야 한다. 어떻게 표현할까 보다는 어떻게 사물을 사유의 층위에 제대로 위치시키는가가 더 중요하다. 여러 층위의 인식이 나와 대상 간의 대화 방식을 결정한다. 대화의 방식은 작가를 중심으로 확장되어 간다. 가장 가까이 있는 소재가 사람이라면 사람에게서 멀어질수록 우주와 신에게도 접근한다. 무엇에 대한 글이 아니라 무엇을 위한 글을 쓰는 것이 중요하다. 무엇에 대하여

쓴다는 것은 그 대상을 글의 소재로 삼는다는 것이고 무엇을 위해 글을 쓴다는 것은 그 대상이 지닌 존재성을 먼저 찾아낸다는 의미다. 모든 대상이 지닌 이치와 생명과 존재성을 먼저 인식한 후에 어떻게 표현할까를 생각한 글과는 순도가 다르다. 이러한 사유 식별이 또렷할수록 영성적인 아우라를 지닌 글이 탄생한다.

가을, 소리에 젖다

좁고 가파른 산길을 오른다. 길 한쪽의 비탈은 바위산에 위험스럽게 기대고 있다. 능선의 나무들은 새들에게 제 가지를 양보하고 햇살에 허리를 굽힌다. 한낮이 기운 숲 사이로 무리 지어 핀 억새도 바람의 수다에 나붓나붓 흔들린다. 너덜 길의 구절초도 바위틈마다 하염없이 피어 있다.

어중간한 오후였다. 자동차는 높고 급한 길을 천천히 오르고 있다. 좁은 산판도로를 쉼 없이 돌고 돌며 꼬불꼬불 올라갔다. 종내에는 어떤 경관이 다가올지 알 수 없는 도박 같은 산행이었다. 모퉁이를 돌 때마다 늦가을 잎사귀들은 점점 더 붉게 물들어 마음은 긴장과 흥분으로 고동쳤다.

나그네 마음을 애태우던 험한 숲길이 자태를 훤히 드러냈다. 우연히 접어든 산사 주변은 온통 단풍으로 불타고 있다. 그 누구의 손길도 거부한 듯 스스로 위리안치된 산중 사찰. 청도면 운주암이다.

만추의 하루를 보내고 있는 암자는 켜켜이 펼쳐진 화악산 봉우리를 부드럽게 내려다 보고 있다. 사바세계를 보듬는 부처의 자애로운 눈길을 떠올릴 정도로 산등성이마저 너그러워 보인다. 8부 능선 암벽 터에 자리 잡은 절은 깎아지른 벼랑을 지키며 천년세월을 보내고 있다. 마당 끝은 아득한 낭떠러지로 이어지고 뒤쪽으로는 녹의홍상 봉우리가 펼쳐져 있다. 천혜의 기도 도량이 석양에 물들어 가고 있다.

때맞춘 시간도 노을을 불그름하게 물들인다. 붉은 안개처럼 핀 단풍이 더욱 화염을 피운다. 거침없이 이어진 산들은 파도가 넘실대는 단풍 바다다. 단전 깊은 곳에서 감격의 탄성이 저절로 나온다.

산사의 스님은 매일 주색朱色으로 물든 산을 내려다보며 무엇을 마지막으로 태울까. 세속의 인연이야 예전에 잊었을 터, 그래도 인간이니 아직 태울 게 남아 있지 않을까. 그런 생각을 할수록 탄성은 끈질긴 인연에 대한 탄식으로 바뀐다.

골짜기에서 올라온 바람이 절 마당 삼 층 석탑에서 탑돌이를 한다. 시골 아낙의 비손도 산등성이를 타고 올라와 산사의 부처 앞에 온몸을 숙일 시간. 산사는 저녁 예불로 가득하다. 갈바람은 차지만 극락왕생을 위한 염불을 한다. 나무도 스님도 단풍도 탑도 모두 소원을 빈다.

 사찰 한갓진 곳에 스님이 기거하는 승방이 있다. 댓돌 위에는 까만 털신 한 켤레가 정갈하게 놓여 있지만, 인기척이 없다. 그곳 마루에 앉아 바라보는 풍광이 탐났다. 발소리를 낮추고 툇마루 끝에 앉아 장엄하게 물들어 가는 고산 벽산을 내려다보며 상념에 젖어 들었다.

 내실에 묵언 수행하는 스님이 있었나 보다. 짧고 청랑한 요령 소리가 들렸다. 조용히 하라는 말도, 나가달라는 소리도 없이 의사를 전달한다. 종소리보다 더 맑은 스님의 마음이 곱게 와닿았다. 잠시나마 자리를 양해해준 스님께 마음으로 합장하고 조용히 일어섰다. 참선 중인 스님 곁을 지키는 요령 소리는 전각 끝의 풍경소리보다 더 내 마음을 깨웠다. 일렁이는 온갖 잡념이 부끄러웠다.

 화악산 위로 새들이 서로의 안부를 주고받으며 산허리를 날고 있다. 붉게 저무는 하루를 만끽하려는 비상의 날갯짓이 느리다. 노을은 자연의 품위를 보여주려는 듯 천천히 물들어 간다. 새들은 단풍 노을 앞에 자신의 목소리를 시주한다. 하얀 낮달은 까막새 소리에 희밋한 미소로 화답한다. 모든 게 염화시중이다. 산속 가을이 묵언의 은유로 점점 깊어간다.

하산 길 단풍은 한층 풍성해진다. 농익은 햇살이 나무 사이를 비집고 들어와 하루의 꼬리를 붙잡는다. 별리의 계절이 오면 속마음을 숨기고 살던 나뭇잎들은 붉고 노란 제 색깔로 한 해의 묵은 마음을 낱낱이 드러낸다. 미련이고 울분이다. 계절의 끝에서 머뭇거리는 영혼도 익숙지 않은 설움을 견디고 있다. 진정한 이별은 아픔을 견디어 내고 나서야 온다더니 사람도 자연도 가벼운 스침에 몸을 뒹굴며 운다.

산은 물러날 때가 있다는 것을 보여준다. 숲도 보내고 맞이할 준비를 하며 스쳐 지나간 인연을 떠올린다. 한여름 개울가에서 소리 높여 웃던 아이들, 영혼이 되어 날개를 떨던 매미들, 속살을 파고들던 담결한 솔바람. 이 모든 순간이 부질없어 더욱 그립다. 그때 그들의 미소는 분명 붉었을 텐데 왜 퇴색한 색으로 기억될까. 그 마음을 위로해 주듯 억새들의 하얀 얼굴이 어느새 홍조로 물들고 있다.

산에서 내려왔다. 골짜기 붉은색이 무채색 밤빛으로 바뀌기 시작한다. 밝음과 어둠이 함께하는 오묘한 장면을 연극의 클라이맥스를 보듯 숨죽이며 지켜본다. 바람도 가만히 엎드리고 새들도 고요하다. 그들의 안식을 방해하지 않으려 마음을 낮추고 발걸음을 조심스레 옮겼다. 우연히 들어섰던 산길은 땅거미에 묻혀 쉬 보이지 않는다.

  작별의 시간, 초로의 문턱에서 산사의 풍광을 바라본다. 순응의 세계로 젖어 드는 가을 산에 마음이 숙연해진다. 문득 승방에서 조용히 울렸던 요령 소리를 환청처럼 다시 듣는다. 붉게 물든 가을 산에서 들은 묵언의 소리다. 내 삶의 가을에도 울리기를 기대하며 마음속에 요령 하나 담는다.

· EPILOGUE

원고를 정리하다 보니
많은 이야기의 배경에 할머니가 나오고 가덕도가 나옵니다.
유년기의 기억이지만 돌아보니
참 평온했던 시절이었던 것 같습니다.

글 속의 할머니는 아들의 학업을 위해 몸 바쳐 일하고,
허약한 며느리 대신 손녀를 돌보며 꿋꿋이 살아냈던 여인입니다.
나에게 고향의 의미를 가르쳐 주고 평생에 남는 기억을 심어 준 분입니다.
이제야 먹먹한 마음이 듭니다.

당신의 손녀가 어느덧 손주를 두었습니다.
열정으로 글밭을 가꾸어 나가는 할머니로 기억되었으면 합니다.

　　　　　　　하윤, 하준 그리고 태중 아기 보석이 사랑한다.

　　　　　　　　　　　　　　　을사년 어느 하루

조향미 수필집
아란야의 숲

인쇄 2025년 9월 15일
발행 2025년 9월 20일

지은이 조향미
발행인 서정환
펴낸곳 수필과비평사
주소 서울시 종로구 삼일대로 32길 36(운현신화타워 빌딩) 305호
전화 (02) 3675-3885 (063) 275-4000
팩스 (063) 274-3131
이메일 essay321@hanmail.net
출판등록 제300-2013-133호
인쇄 · 제본 신아문예사

저작권자 ⓒ 2025, 조향미
이 책의 저작권은 저자에게 있습니다. 서면에 의한 저자의 허락 없이 내용의 일부를 인용하거나 발췌하는 것을 금합니다.
COPYRIGHT ⓒ 2025, by Cho Hyangmi
All right reserved including the rights of reproduction in whole or in part in any form.

저자와 협의, 인지는 생략합니다.
잘못된 책은 바꿔 드립니다.

ISBN 979-11-5933-583-9 (03810)
값 15,000원

Printed in KOREA

본 도서는 2025년 부산광역시, 부산문화재단(부산 예술지원 사업)의 지원으로 제작 되었습니다.